隨身版

朝暮課誦白話解釋 上

黃智海／著

笛藤出版

前言

在眾多佛教入門的佛經釋注、解釋的書中，黃智海居士的著作的確給初入門的人開了一道「方便」之門，將經文做逐字逐句的解釋，不僅淺顯也詳盡、容易理解。

因為時代的變遷、進步，原書老式的排版，對現在讀者的閱讀習慣較吃力困難，有鑒於此，本社的重新編排也盡量朝「方便」讀者的方向努力，使大家可以輕鬆的看佛書、學習佛法。

本書有些地方將原文稍做修改，特記如下：

1. 標點符號使用新式標點的編排。新版的標點有些地方並不符合標準的標點符號，為了符合演述者的口氣，儘量保存原有的風味敬請察諒。

2. 內容太長的地方加以分段。

3. 民國初時的白話用字改成現今的用字，例如「彀」改成「夠」。「箇」改成「個」。「纔」改成「才」。「末」改成「麼」……等等意思相同的普通話。

4. 有一些地方方言上的語氣詞改成一般普通話的說法或刪除掉。例如：「同了」改成「和」或「與」，「那」、「了」、「的」、「是」的刪除。

5. 括弧內解釋的部分用**顏色**印刷，和本文區隔，使讀者更容易讀解。

希望稍做改版後的書，能夠對讀者有所助益，有疏漏的地方，敬請不吝指正是幸。

本社編輯部謹識

目次

解釋朝夜課的原因和看這本朝夜課白話解釋的方法

修行的人一定要做功課，但是許多修行人儘管天天做功課，其實為什麼要修行？修行為什麼要做功課？做了功課有什麼好處？都像瞎子在暗裏摸索，一點也不曉得。講到什麼叫做佛？什麼叫做菩薩？什麼叫做佛經？做人有什麼不好？為什麼要希望成佛、成菩薩？佛的道理是怎樣？佛經是講些什麼？那更加不曉得了。雖然只要一心修，儘管樣樣不曉得，也可以修成。但是，修行第一件要緊的事是要發**願心**，這個願心的力量是最大的，只要願心發得大、發得切實，無論什麼，沒有做不到的。不過，要人發願心，總要使他們大略曉得一些修行的好處，才會發願心，並且一定要發了願心來修，才能夠切切實實地修，不是糊糊塗塗地修。

這朝夜課裏面，不只是發願心的話很多，還有許多請求佛的話，能夠懂這兩種話的意思，那麼念到發願請求的話，就可以格外地用極誠懇的心來念，當作自己在那裏向佛發願、向佛請求，那就不是空念，念的效驗就更加大了。

我前年把阿彌陀經做成白話解釋，許多不懂佛法的人和不通文理的人看了都很歡喜。所以，我又想到各處寺廟裏和各處法會裏，每天早晨、晚上大家都念的朝夜課，是些什麼經？什麼咒？念了哪一種咒有什麼利益？這咒出在什麼經裏面？是哪一尊佛、哪一尊菩薩說的？為了什麼原因說的？我把上面所說的，一一都查考著實，詳詳細細用白話來解釋清楚。還有許多名稱，雖然只有二、三個字，但是包含著許多道理在裏面。我也一條、一條都把它解釋明白。並且，還查出許多佛菩薩和歷代大法師的事實，來做各種修行方法的證明。使看這本書的人，可以曉得許多佛法裏面的種種道理、種種事實、種種情形，那麼念起來格外有些味道、有些興致，並且容易相信，功德也格外地大，將來生到西方極樂世界去，品位也可以格外地高一些。並且，還可以照功課裏所說的，發出願心來，希望將來可以成菩薩、成佛。

但是，這本朝夜課與阿彌陀經有些不同。阿彌陀經都是說事相的，（事相，是有實事的，或是有形相可以看得到。）所以容易解釋，看起來也容易明白。這朝夜課裏面說到理性的地方很多，（理性，是講道理的，沒有形相可以看得到。）不太容易解釋，更加不容易用白話來解釋，看起來也不太容易明白。我儘管用白話來解釋，還擔心看的人不懂。所以，我在解釋朝夜課的前面，把佛法裏大略的情形、大概的意思、簡單的原因、粗淺的理性先說明白，叫做**佛法大意**。看這本書的人，先把佛法大意看明白、記牢住，那麼不僅是看下面的朝夜課容易懂得，就是看別種佛經，也可以容易明白。看了能夠明白理解，自然是最好，即使還有不懂的地方，也不要緊，只管把事相研究明白，照所定的功課去做，一樣會修成功。

看這本朝夜課白話解釋的人，必定要一起參看阿彌陀經白話解釋一起看，因為這本朝夜課裏面所說的，雖然不是完全講往生西方極樂世界的方法，但是最後歸根，都歸往生西方極樂世界去，所以能夠和阿彌陀經白話解釋一起看，就格外容易明白，功德也更大。況且，朝夜課裏面本來就有阿彌陀經，應該要知道意思，所以阿彌陀經白話解釋必定要一起看。有許多解釋在阿彌陀經白話解釋裏面已經詳細講過的，這本書裏就說得簡略一些。阿彌陀經白話解釋裏面說得簡略的部份，這本書裏面就說得詳細一些。此外，有些地方的解釋和阿彌陀經白話解釋不一樣，那是因為一樣的一句經，可以有幾種解釋：可以照阿彌陀經白話解釋上的說法，也可以照這本書上的說法。所以，看的人不可以疑惑：為什麼阿彌陀經的解釋是那麼說，朝夜課的解釋又是這麼說？還有些解釋，在前面已經詳細講過，後面若是再有，就大略說說，不再詳細解釋了。所以，看的人看到解釋，一定要留心記牢。若是前面的不留心記牢，恐怕看到後面，就有許多解釋不出的地方了。也有前面已經解釋過的，後面又重複加小注解釋，那是要格外講得明白些，就免不了重複了。

還有兩點：第一、做功課要有一定的樣式，大家應該要曉得，但是阿彌陀經白話解釋的最後，已經有一種修行方法說得很明白，所以這本書裏面就不加進去。第二、做了功課後最要緊的一件事情，就是回向。（回向，是把所修的功德一齊把它回過來，都歸向到求生到西方極樂世界去，並且把自己所修的功德一齊歸向到眾生的身上去。下面還有詳細解釋。）有幾種最簡便，大家都念慣的，阿彌陀經白話解釋最後的修行方法裏面也都有，所以這本書裏面也不再加進去。只有蓮池大師的一篇回向文最是詳細完全，能夠念那一篇回向文是最好的，所以把它加在這本書的最後，希望大家看明白，就照它去念。還有阿彌陀經和心經兩種，朝夜課裏面都有，現在都沒有解釋，因為阿彌陀經和心經都已經有了白話解釋，另外印出本子來，所以也都不加進去。

有人問道：經典多得很，你為什麼把這種朝夜課去做白話解釋呢？這有一個緣故：我原來的意思，就專門為了夜課裏面的一篇大懺悔文，才費了許多心血去做，我是要大家明白懺悔的道理，好好的把前一世、前十世、前百千萬世所有的惡業，一齊懺悔得清清淨淨，使得這個本來的清淨心漸漸地發現出來，才可以脫離我們這個污穢的世界，到佛的清淨世界去，免去生生死死，受種種的苦惱。這還是講佛法的道理，現在就單從世界上來看，大家也不可以不趕緊懺悔了。不要說古時候，大家只需要把近來的五十年看看，這五十年裏，兵災、水災、旱災、蟲災、瘟疫災、盜匪搶劫、殺人放火，比五十年前多了幾倍？這不是因為我們這些人罪業深重的緣故，所以才要受這樣的苦報應嗎？不要不相信我們的罪業深重，只看五十年前每個人吃的、穿的、用的，有這樣地浪費嗎？現在的人，吃一桌菜、請一回客，要殺多少生命？人心奸詐狠毒，只曉得要錢財、要田產，只曉得有一個我。有便宜的，讓我來獨得。有吃虧的，讓旁人去受。我力氣大，就欺壓力氣小的；我勢力大，就欺壓勢力小的。不講道理、不顧羞恥，不曉得待父母要孝順、待弟兄要和氣、待朋友要信實。像這樣種種的造業，一天一天、一年一年造下去，恐怕將來的災難還要一天多一天、一年重一年哩！所以，不要講佛法，就照世界上的情形講起來，也萬萬不可以不趕緊懺悔。我希望念這篇懺悔文的人，大家明白懺悔的方法、懺悔的道理、懺悔的效驗，大家懇懇切切地懺悔，不但是將來可以成菩薩、成佛，就是眼前也可以少造些罪業，各處減少些災難，過過太平日子。這就是我做這本朝夜課白話解釋的意思。

常常有人勸我，把經咒裏大家不認識的生字，都註明應該讀什麼音。但我們國人，各處的口音有些不同，所以讀的字音也各不相同。因此，本書的注音以北京口音為主，僅供讀者做為參考。

有些陌生的名詞，（名詞，就是名稱。像下面所說的心所、不相應法、百法等，都是名詞。下面都有詳細解釋。）道理也是很深的。像五十一個心所，不是常常看得到的。二十四種不相應法和各種戒法等等，都不是兩三句話就講得明白的。這種本來不打算加進佛法大意裏面的，但是朝夜課和心經，常常說到這種陌生的名詞和道理很深的地方，若是不先詳細講，那麼看到了這些地方，就更加不容易懂了。此外，還有種種的不方便：譬如在朝夜課裏面，看到了五十一個心所裏的一、二個心所，就把這一、二個心所來講，那時看的人連五十一個心所的名稱都沒有完全曉得。若是把五十一個心所一齊詳細解釋，那又不是專門解釋心所的地方，把心所講上一大篇，又覺得太繁雜了。況且，印光老法師也曾教我把各種名稱多提出來，再把意義大略講講，使看的人多曉得一些，所以只好加進去。若是看了還不明白，那也沒有辦法，單單多曉得一些名詞就算了。

還有一句最要緊的話要告訴大家，我是沒有用功研究過佛學的人，怎麼敢大膽去解釋這本朝夜課呢？若是解釋錯了，豈不是害了許多看這本書的人嗎？這種大罪過，我怎麼擔當得起呢？這是因為興慈老法師已經做了一本文理的二課合解，就是解釋這朝夜課的書，（這一部二課合解非常好，看了可以增加許多佛法的知識，大家應該請一部來看看。）我又親自聽過興慈老法師在佛教淨業社講經，把這朝夜課都講過。我所解釋的，有些是在興慈老法師的二課合解上抄來改做白話；有些是在興慈老法師講的時候，一面聽，一面記，把他做成白話。做完了，先請顧顯微居士修改。還有許多講到佛理的地方，我的佛學太淺，也是請顧顯微居士加進去，又再請印光老法師修改過。不過，夜課裏面的蒙山施食儀，顧顯微居士已經生西，來不及請他修改。印光法老師也往生了，不能夠為我鑒定，好在還有佛學精深的興慈老法師在，我就請興慈老法師修正鑒定了才印出來。所以，看的人可以放心。

但願做朝夜課的人發極切的誠心、極大的願心，一天不要間斷的去念，將來一起到西方極樂世界去。得了道，再來勸化十方世界一切的眾生。大家都到西方極樂世界去，這才不虛負每個人本來有的佛性，和佛說淨土法門的恩德。

我也可以依仗大眾的功德，消除我的宿業，增長我的善根，就可以跟在大家的後面，一同往生西方極樂世界了。

黃智海謹識

朝時課誦

這**朝時課誦**是朝晨做的功課，和下卷的**暮時課誦**，（**暮**字，是夜晚的意思。**課**是功課。**誦**就是念。）都是各處寺院裏的僧眾和法會，（法會，是講佛法的會。）或是在家裏修行的男女居士，每天朝夜一定會做的功課。

這做功課的規矩，是從前晉朝時候，有一位慧遠法師——大家稱做遠公法師，在江西九江廬山上，（九江，是江西省屬下的一個府的名。）設立了一個蓮社。（社就是會，所以稱蓮社的意思，是希望入會的人，將來都往生西方極樂世界，在蓮華裏生出來的意思。）起初成立的時候，就有一百二十三位修行人，大家專門確確實實地念佛，那些人後來都往生西方。念佛法會，是遠公法師第一個開頭的，後來修行的人，就學遠公法師的法子，定了功課做。

這本朝夜課，是從前的大祖師從大乘經典裏面（大乘經典，是說修大乘法的佛經。）揀選了各種經咒，定了朝、夜兩個時候做的功課。朝課重在用功修行，所以先念各種神咒，求佛菩薩的威神加被，保護修行的人，不受種種的魔障。（魔是魔鬼，魔鬼看見一個人靜靜的在那裏修行，他就會來纏擾阻礙人修行，所以叫魔障。念了咒，魔就不敢來了。障就是阻礙的意思。）

從下面的楞嚴咒起，一直到韋馱讚，都是朝課。修行的人，清早起來，在沒有開念之前應該先把手、臉洗乾淨，在佛面前點三枝香，或是燒一些檀香，向佛拜三拜，起來就念下面的楞嚴咒。

大佛頂首愣嚴神咒

大佛頂首楞嚴六個字，是一部佛經的名稱。（本來佛定的經名，總共有五個：一個是大佛頂悉怛多般怛囉無上寶印十方如來清淨海眼。一個是救護親因度脫阿難及此會中性比丘尼得菩提心入遍知海。一個是如來密因修證了義。一個是大方廣妙蓮華王十方佛母陀羅尼咒。一個是灌頂章句諸菩薩萬行首楞嚴。翻譯佛經的法師，用了大佛頂如來密因修證了義諸菩薩萬行首楞嚴十九個字定做經名，後來再減省到大佛頂首楞嚴六個字，現在就只叫做楞嚴經了。上面說的四個不用的名稱，因為既然不用，所以不解釋了。）

這部經是佛的弟子阿難，依照佛定的規矩，到施主家去化齋，走過淫女摩登伽的門前，（摩登伽的詳細事情，在楞嚴經裏有。）被摩登伽用邪咒來迷惑了。正在危險的時候，佛從頂上放出光來，光裏面有佛的化身，坐在一千瓣葉的寶蓮華上，說了一遍咒，派文殊菩薩用這個咒去解救阿難。文殊菩薩就把阿難和摩登伽，一齊帶到佛前。阿難自己慚愧沒有道力，（慚愧，就是難為情，不好意思。）哀求佛說止觀修禪的法門，（止，是停止的意思，就是停止一切妄想心，這是修定的方法。觀，是觀照查察的意思，但是這個觀字，不是用眼光向外看，是用心光向心裏看、向心裏照的，所以叫觀照，這是修慧的方法。講止觀的法門，很深、很多、很複雜，所以這裏不能夠把止觀二個字詳細解釋。心光，是自己真心裏本來有的光。真實心，本來有光明的，不過眾生被迷惑遮蓋住，所以顯不出來。）佛說出這一大部經來，總共經文有十卷。這篇神咒，就是救阿難的，在經文的第七卷，是阿難請佛重說一遍給大眾聽的。

這個咒，佛原定的名字是叫**佛頂光明摩訶薩怛多般怛囉無上神咒**。**佛頂光明**四個字，是說佛頭頂上的光裏化出來的佛說的這一篇咒，所以用一個明字。這咒是從佛的心光裏流出佛的智慧來說的，所以又叫心咒。摩訶薩怛多般怛囉八個字，是梵語，翻譯成中文，**摩訶**是大。**薩怛多**是白。**般怛囉**是傘蓋，就是真心的表相。（藉一個有相的東西，表顯出一種沒有形相的真實道理來，叫做表相。）心量最大，十方虛空在真心裏，好比一片浮雲在天空裏，所以說是大。心本來是清清淨淨的，不受一切污穢，所以說是白。一切的法都隱藏在心裏，好像傘蓋能夠遮蓋東西，所以說是傘蓋。心是一切法的根本，再沒有能夠超過心的東西，也沒有比心的力量更大的東西，所以說是**無上**。**神**字，是說心佛的威神力不可思議。（心佛，是清淨心裏面本來有的佛。）這是大略解釋這篇咒原來的名稱。現在所取的名字，只有大佛頂首楞嚴六個字，是用簡單的經名。加上神咒二個字，就算是咒的名稱。

大佛頂三個字，照高明法師講起來，有許多的道理在裏面，不只是取頂光化佛說咒的意思。（頂光化佛，就是佛頭頂上光裏化出來的佛。）三個字裏面，每一個字都包含著佛的三種德。（三種德，就是下面所講的法身德、般若德、解脫德。三種都叫做德，是因為這是一切眾生本性裏天然有的一種好的性。不過沒有修道，這三種德不能夠顯出來，都隱藏在本性裏，自己也不知道有這種德，所以叫三德祕藏。到修的功夫滿足了，三種性德，完全顯發出來，就是佛的三身了。**般若德**，就是佛的報身。**解脫德**，就是佛的應身。**法身德**，就是佛的法身。）

大字，有大、多、勝三種的道理。佛的法身，所有一切的境界，沒有不周遍的，所以取大的道理，就是法身德。佛的智慧，無量無邊，叫做一切種智，所以取多的道理，就是般若德。佛證得最勝的妙法，超過聲聞、菩薩的境界，能夠教化度脫一切眾生自在無礙，所以取勝的道理，就是解脫德。

佛字，是中文覺字的解釋。覺，有自覺、覺他、覺行圓滿三種道理。自覺，是從文字上面明白道理，用觀照的方法，照見那實相，（實相、觀照、文字三種般若，叫三般若。實相般若，眾身本來都有的，是般若的實性，沒有絲毫虛妄相。觀照般若，是用這種般若去觀照實相的實智。文字般若，是實相般若，和觀照般若的意義道理都靠這文字來說明流傳。）這是般若德。覺他，是用方便、真實兩種的智慧（方便智、真實智，在阿彌陀經白話解釋裏面南方世界一節底下，有詳細解釋。）教化眾生，使他們都證得自己的心性，了脫生死，這是解脫德。覺行圓滿，是了因、緣因兩種修的功德完全滿足，顯出自己的正因佛性來，證得圓滿的法身，這是法身德。（自覺、覺他、覺行圓滿，了因、緣因、正因，在佛法大意裏面都講過，這裏講的道理深一些，兩邊的解釋可以拿來比較。）

頂是在人身上最高的地位，有最尊、最上、最第一的三種意思，佛所以稱世尊，就因為是在一切世界裏最尊貴的緣故，所以最尊是法身德。般若波羅蜜多叫做無上咒，所以最上是般若德。一切法裏面，涅槃最是第一清淨的妙法，法華經說的知第一寂滅，（這一句經，在佛法大意裏面已經講過，可以拿出來看看。）就是這個涅槃法，所以最第一是解脫德。

若是把大佛頂三個字各顯一種佛德講起來，那麼，大字是顯的法身德，因為法身是沒有邊際的緣故。佛字是顯的般若德，因為沒有智慧就不能夠覺悟成佛的緣故。頂字是顯的解脫德，因為超出一切境界不受束縛的緣故，這是單講大佛頂三個字。還有首楞嚴三個字，也應該要講明白。

首楞嚴是梵語，翻譯成中文叫做**一切事究竟堅固**，（這個事字，不是事情的事字，是和法字一樣。堅固是堅定不變的意思。）這是修定的第一種要緊方法。**一切事**就是一切法的現相，一切的法，都是從自己心性裏面現出來的，所以一切法的體性，就是自己的心性，心性雖然能夠隨緣現相，但是到底沒有絲毫地變動，所以說是究竟堅固。照這個名字的意思，也是顯佛的三種德。一切事三個字，是所有一切的事沒有不是從因緣上生出來的，照性來說，全是空的，曉得這種道理，就是般若德。照相來說，一切的事，都是假名稱，既然是假的，還有什麼可以取、有什麼可以捨呢？不起取捨的執著心，就是解脫德。一切事的本體完全是中道佛性，就是法身德。

究竟是極頂的意思，佛的法身，是最尊貴到極頂的，那是顯的法身德。究竟又是到底的意思，般若能夠到諸法的邊底，那是顯的般若德。究竟又是圓滿的意思，功德圓滿，自然成解脫，那是顯的解脫德。

堅固兩個字，是說法身是不動不變的，再要堅固也沒有了，所以堅固兩個字，可以合著法身德。金剛般若波羅蜜經，（就是金剛經的完全名稱，簡單說，就叫金剛經。）是拿最堅固的金剛來比般若的，所以堅固又可以合著般若德，涅槃經裏面說：解脫名曰獨一無二，堅實不可破壞。所以，堅固又合著解脫德。

若是把那三德分顯出來講，那麼，一切事是法身德，因為心性是一切法的本體。究竟是般若德，因為一切法要用智慧觀照，方才能夠曉得究竟的道理。堅固是解脫德，因為離一切相，自然心不搖動。所以，照這樣看起來，一切的法，其實都有這三種德的道理在裏面的。這是什麼原因呢？

因為那三種德，本來是自己心性裏天然有的，並不是從外面得來的，不過要修到功德圓滿，才能夠證著實在，講到修的一個字，其實也並沒有旁的東西可修，仍舊還是自己的心性，所以說來說去，總之只顯得一個心。照經上說起來，所有十方如來從修因起，（修因，就是佛成佛的因。修了成佛的因，才能夠結成佛的果，所以叫修因，也可以叫因地。等到修成了佛，就叫證果了。）一直到成佛坐道場，說法度眾生，都是靠這篇心咒的力量，因為這篇咒的力量大、效驗大，所以稱做神咒。

但是要照規矩，正式的設壇持咒，（持咒，就是一心的念咒。）修這首楞嚴三昧，那是很難很難的。若是要遠離一切魔事，（魔事，是不正的事，是邪路的事。）那就定要誠心持這咒，才能夠有效驗。就是平常念誦，也有無量無邊功德。照經裏面說：誠心念這咒的人，有菩薩、金剛神等保護他。所以，火不能燒他，水不能淹他，所有惡鬼邪魔和一切毒蟲毒物，都不能害他。到了後世，可以不生在窮苦人家，還能夠得到種種出世的功德。（出世，就是跳出這個娑婆世界。）若是不會念這咒，把咒寫好，做一個袋，放在袋裏，掛在身上，或是掛在屋裏潔淨的地方，這個人也可以一世不受毒物的害。（若是寫了掛在身上，衣服一定要潔淨。要到污穢不潔淨的地方，一定要把這咒的袋子解下來，放在潔淨的地方。手若是不潔淨，也一定要先把手洗乾淨，才可以再去拿。總之要恭敬，倘若污穢了，罪過不小。）有這種種的大利益，所以這篇心咒，應該天天要誠心念。慾心重的人，（這個慾心，大概是指淫慾說的。）更加應該多念，可以使得慾心漸漸地消滅。只要看那摩登伽，本來是一個淫女，靠了這神咒的力量，就成了阿羅漢，（摩登伽女，一定是夙根很深的，所以靠了這楞嚴咒的力量，就能夠證到阿羅漢果。若不是夙根很深的，哪裏能夠開悟證果呢？像我們這種鈍根的人，天天念咒的時候，心思雜亂，所以就不能有十分的靈驗。但是，看摩登伽女一事的人萬萬不可以想：摩登伽女是一個淫女，只要念了楞嚴咒，就會證阿羅漢果，就算是犯淫，也不要緊。要曉得，你要有摩登伽女那樣的夙根，你要能夠感動到佛來解救，你要能夠像摩登伽女念咒的時候那樣的心思清淨正定，才能夠證到阿羅漢果，不是隨便念念就有這樣效驗的。夙根，就是前世所種的根基。）可見這咒的威神力，實在是不可思議。

不過佛經裏面不論什麼咒，都是照咒的梵音念的，不像經的字句可以翻譯成中文。咒所以不用翻譯，有五種緣故，叫**五不翻**。第一、叫**祕密**，佛的說咒像軍營裏的密令一樣，不讓旁人知道。第二、叫**多含**，那是一種咒裏面，包含的意義很多，有多到六種意義，若是翻譯起來，要照哪一種意義翻呢？第三、叫**此土無**，那是有許多東西我們這裏沒有的，像閻浮提樹，中國不生長，翻譯起來，叫它什麼名目呢？第四、叫**順古**，那是從古代到現在，向來用慣梵音的，像阿耨多羅、菩提等各種名詞，向來都不翻譯，就不翻了。第五、叫**生善**，那是不翻譯可以使念的人生出恭敬的善心來，像智慧兩個字覺得平淡輕薄，現在用原來的梵語般若兩個字，便覺得尊敬鄭重些，所以也不翻譯。因為有這五種道理，所以咒都不翻譯。

南無楞嚴會上佛菩薩。

ㄋㄚˊ ㄇㄛˊ ㄌㄥˊ ㄧㄢˊ ㄏㄨㄟˋ ㄕㄤˋ ㄈㄛˊ ㄆㄨˊ ㄙㄚˋ

念三遍

南無是梵語，翻譯成中字，是**皈依**兩個字。（皈字，同歸字一樣的意思。）皈字，就是把我的性命歸託佛。依字，是把我的性命依靠佛。念起佛的名號，或是菩薩的名號來，頭上都要加南無兩個字，就是皈依的意思。釋迦牟尼佛在這一次的法會裏，說的是楞嚴經，所以叫做**楞嚴會**。凡是一個法會，說法的佛是主，聽法的菩薩等都是伴，（主，是主人。伴，是伴侶，就是同伴的人。加一個等字，就包含別種人在裏面，不只是菩薩的意思。）但是，雖然只說菩薩，其實連那緣覺、聲聞，也一起要皈依，因為緣覺、聲聞也都在僧寶裏，（寶字，是寶貴尊重的意思，菩薩和緣覺、聲聞，都是聖人、賢人，所以稱寶。）所以也應該皈依。這一句叫做**皈依的總相三寶**，**佛是佛寶**，**楞嚴是法寶**。（楞嚴兩個字，是經咒的名字，經咒是最尊貴的法，所以稱法寶。）**菩薩等是僧寶**，因為這三寶都是在這一個會上現的相，不是在幾處分開現的，所以說是總相三寶。

講起真的道理來，無論它是總相三寶、**別相三寶**，（別相，是各別的現相，因為是說明白佛、法、僧三寶，或是說明什麼佛、什麼菩薩，像下面的南無常住十方佛三句，和南無釋迦牟尼佛四句，都是別相三寶。這裏的一句，只說某某會上佛菩薩，並不說出佛、法、僧三寶來，也不說出什麼佛、什麼菩薩來，像阿彌陀經開頭的南無蓮池海會佛菩薩一樣，都是總相三寶。）總之，都是從自己心性裏面現出來的，其實就是自性的三寶。但是照俗諦上說起來，各有各的相，卻是不能夠不分清楚的。念的時候，這一句南無楞嚴會上佛菩薩要連念三聲。從這一句起，一直到下面七個字一句的偈，都要合掌念，念到咒，就可以不要合掌了。

妙湛總持不動尊，首楞嚴王世希有。

從這兩句起，一直到後面爍迦羅心無動轉，總共有十八句七個字的偈，都是阿難讚嘆佛法，發大願心的文字。

楞嚴經上說：在那個時候，阿難碰著了去救他的文殊菩薩，依仗佛說的心咒，脫了摩登伽的難，回來見了佛，哀求佛說修行用功的方法，佛就對阿難說明白：一切眾生所以在那六道裏面死死生生、不斷輪迴，都因為沒有曉得自性清淨的真心，把那業識上起的妄想心，（業識，是有業的凡夫的識。凡夫有業，所以智就變了識。聖人沒有業，所以識就轉成智。）當做了真心。妄想心裏現的虛幻相，反認為是實在的。所以，就生出了種種煩惱來，造業、受報，一世一世的不了。這害處的根本，全在虛妄和真實這兩種上辨不明白。所以佛先七處的徵心，（徵字，有求的意思。徵心是搜求這個心究竟在什麼地方？七處徵心就是在七處地方搜求這個心究竟在哪裏？）教阿難辨明白心的真妄。

（著牢在相上，就是妄。能夠離開不著牢相，就是真。）十番的辨見，（辨見，是用種種辯論，顯出見的真性來。十番，就是十次。十番辨見，就是十次辯論這個見的真性。上面所說的七處徵心，和這裏的十番辨見，詳細說起來，複雜得很，所以只要曉得這兩件事情就是了。若是要曉得清楚，可以請一部楞嚴經來看看。）教阿難知道性的虛實。（著相的，叫做遍計執，就是生滅性，是虛的。離相的，叫做圓成實，就是不生滅性，是實的。）再把那五陰、六入、十二處、十八界的種種法相，（五陰，就是色、受、想、行、識五種，也叫做五蘊。六入，就是六根。十二處，就是六根和六塵。十八界，就是六根、六塵和六識。在佛法大意裏面，有詳細解釋。）一種一種的推究道理，最後發明了地、水、火、風、空、見、識七種的性，（這七種，叫做七大。地、水、火、風叫做四大，在佛法大意裏面，已經講過。空，是虛空的體性，虛空廣大無邊，所以叫做空大。見大，是眼根的見性，說了見性，是把還有的聞性、嗅性等六根的性，都包含在裏面了。這六根的性，也都是周遍法界的，所以叫做大。識大，就是八識，八識也都是周遍法界十方圓滿的，所以也叫做大。佛要破凡夫所見到的幻化的相，顯出圓融的真性，所以說出這七大來。這不過大略說說，若是要曉得詳細，那就要看楞嚴經了。）這七種性，都是周遍法界，隨緣發現的。七種性都發現了，那麼，如來藏心本體的實相妙用，就自然完全都顯出來了。阿難恍然大悟，曉得自己的真心本來是不生不滅的，彷彿就像是得到了法身。心裏感激佛的恩德，發願報恩，所以說這幾句偈。這是有這個偈的原因，不可以不先說明白。

現在再把開頭的兩句偈來解釋。**妙**字是不可思議的意思。**湛**字是清淨光明的意思。**總持**是一切都照顧到，沒有一個失落的意思。**不動**是永遠不會變動的意思。**尊**字是贊歎佛的尊貴，就是讚嘆妙湛總持不動六個字的德，這一句是總讚佛的三身。妙湛兩個字是讚佛的報身智慧滿足、光明遍照的緣故。總持兩個字是讚佛的應身，度一切的眾生、不失機緣的緣故。不動兩個字是讚佛的法身，真如實相、不生不滅的緣故。報身又稱尊特身。（尊特身是尊貴特別的意思）應身又稱世尊。法身又稱無上尊，（無上尊，是沒有比佛更加尊的意思）三身都是極尊貴的，所以用一個尊字來總讚佛的三身。下一句是讚佛所說的法。

首楞嚴是三昧的總名，（三昧，在佛法大意裏面詳細講過。）首楞嚴三昧也可以稱做王三昧，（**王**字，是一切自在的意思，也有最尊、最貴的意思。）這部經所說的，就是首楞嚴三昧修因證果的方法，佛所說的這種方法是最尊貴的，修到了證果的地步，就可以得大自在了，所以說是首楞嚴王。**希有**就是少有，佛不是常常現身相到世間來，見到佛很不容易，聽到這樣無上的妙法，更加不容易。所以讚嘆說是世間少有的，這是講阿難當時說偈的意思。

現在把這篇偈，放在咒的前面。修行的人，應該要明白阿難說偈的意思。在念的時候，心裏就算是自己說出來，贊歎佛和這篇楞嚴咒的功德，那麼，和念這偈的道理格外相應了。

●銷我億劫顛倒想，不歷僧祇獲法身。

這兩句是阿難說自己覺悟的情形。

銷字和消字是一樣的意思，就是消滅。我字是阿難說他自己。**億劫**是一億個劫，是極長的時代。**顛倒想**是心裏面不明白真道理起的種種妄想，這種妄想都是不正當的，是顛顛倒倒的，見思、塵沙、無明三種惑，（這種見惑、思惑、塵沙惑、無明惑，都是天台宗定出來的名稱。其實見思惑，就是人我見，人我執，也就是煩惱障。塵沙惑，就是法我見、法我執，也就是所知障。名稱雖然各個不同，意思是一樣的。像真如性、諸法實相、如來藏、本覺等，也是名稱不同，意思一樣，都是各宗各派提出來的名稱。所知障，也叫智障，本面，本來有的妙智，被愚癡所迷惑，以致於一切諸法的事相、一切諸法的實，本來可以知道的，都被這種迷惑所障礙，所以叫所知障。）都是顛倒想。**歷**字是經過的意思。**僧祇**是阿僧祇的簡單說法。**獲**字是得到的意思。

照教相說起來，（教相兩個字，是說教的外貌，教的形相，不是實在的道理）那個時候，阿難只證得聲聞最低的一種果位，（聲聞最低的果位是須陀洹果，在阿彌陀經白話解釋裏面皆是大阿羅漢一節底下，有詳細解釋。）同圓教的初信位一樣的，見惑雖然是斷了，思惑還沒有斷。要到圓教第七信位，方才斷盡思惑。到了第八、第九、第十信位破塵沙惑，進到了圓教的初住位，破了一分的無明惑，方才證得一分的法身。阿難雖然聽得無上妙法，心裏頓時開悟，但是究竟沒有超證到圓教的初住位，（超，是跳過的意思。因為阿難不過和圓教的初信位一樣，初信位與初住位，還隔開九個信位，忽然要到初住位，是要跳過九個信位，所以叫超證。到佛滅度的時候，在涅槃會上，阿難還只得證到聲聞的第三果位，所以在這個時候，離初住位還遠哩。初信位、初住位，也是菩薩證的一種位子，在佛法大意裏面，有詳細說明。滅度，是梵語涅槃兩個字，翻譯成中文叫滅度。）不要說無明惑沒有破，就是思惑也還沒有斷。

所以，這句銷顛倒想的銷字，並不是說把所有的顛倒想都完全消滅，只是消去一小部份的顛倒想罷了。（就是說斷了見惑。）億劫兩個字，應該要活看的，不可以呆定一億個劫。要曉得這種顛倒想，是在最初有了生死就有的。無明沒有破得，就是法身沒有證得，照這樣講起來，現在所說的得著**法身**，也只是悟得，還不是證得。因為照小乘的說法：所有一切的佛，一定要修三大阿僧祇劫，方才能夠證得法身，阿難不過證得聲聞最低的須陀洹果，怎麼就可以說不歷僧祇獲法身呢？

這是因為佛的弟子大都本來是大菩薩，從權現的聲聞相。（權字，是變通的意思，方便的意思。大菩薩是已經證得法身的菩薩，是圓教初住位以上的菩薩，因為要化導眾生，應該要現什麼相去化導，就現什麼相，所以叫從權。）所以阿難的本地（本地，就是本來的地位。）其實也是不可思議的。並且，這裏是照圓教的道理說的。圓教的人，一世裏，能夠修到初住位，證得一分的法身，確是不需經過阿僧祇劫的。阿難雖然證的是小乘果位，但是，既然開了圓解，（圓解，就是解得圓教的真實道理。）就是圓教的信位菩薩，（信位菩薩，就是證到十種信位的菩薩。）所以能夠說不歷僧祇獲法身。修行的人念這兩句的時候，應該要真心當做是自己求願，那麼，功德就格外大了。

願今得果成寶王，還度如是恆沙眾。
將此深心奉塵剎，是則名為報佛恩。
伏請世尊為證明，五濁惡世誓先入。
如一眾生未成佛，終不於此取泥洹。

這八句偈是阿難對佛發的菩薩**四宏誓願**，（宏字，是大的意思。誓字，是立誓，俗話叫賭咒。誓願，就是立願。四宏誓願，是四種大的誓願，就是夜課面的眾生無邊誓願度，煩惱無盡誓願斷，法門無量誓願學，佛道無上誓願成。夜課裏有詳細解釋。）前四句是發的願，後四句是發的誓。照梵網經裏面說：（梵網經，是一部佛經的名稱，專門講戒法的。）菩薩本來有不發願、不發誓兩條戒法，所以發了願還要發誓，是要使這個願心堅固，不退轉失去。現在阿難發這樣的大願，可見得阿難實在是大菩薩。

得果是要求得佛果。**寶王**兩個字，是代表一個**佛**字。寶字是最尊、最貴的意思，一切世界裏，只有佛是第一尊貴的人，所以說是佛寶。證了圓滿的清淨法身，能夠在一切法裏面得大自在，所以說是法王。簡單的說，就叫做寶王。現在說要求成寶王，就是要求成佛。這一句，就是四宏誓願 面的佛道無上誓願成。

還字是回來的意思。**如是**的是字，是指釋迦牟尼佛所度的眾生說的。恆沙是說恆河裏的沙。恆河又叫做殑伽河，是印度一條很寬的河，有四十里路的闊。佛說法的地方，離開這條河很近，這條河裏的沙，比別條河的沙，格外的細、格外的多，所以佛要用到最多的數目，都是用恆河的沙來比喻。**恆沙眾**：是說眾生的數目，多到像恆河裏的沙一樣。全句講起來，是說：我成了佛，回到這惡濁世界上來度的眾生，要像現在佛所度的一樣多，好比恆河裏的沙，數也數不清。這一句就是四宏誓願裏面的眾生無邊誓願度。

講起道理來，要想成佛道，必定先要學通佛法。要去度脫眾生，必定先要能夠自度，這是因果的道理。要學通佛法，就是四宏誓願裏面的法門無量誓願學。要能夠自度，就是四宏誓願裏面的煩惱無盡誓願斷。（不斷煩惱，決定不能夠自度的。）所以照字面上看起來，雖然是只說了四宏誓願的前後兩種願，其實是連那中間的兩種願也一同發在裏面了。

將字是把的意思。**此**字就是這個的意思，是指上面所發的願，是圓教菩薩的四宏誓願，也就是普賢菩薩的行願。（華嚴經最後，有一卷普賢行願品。夜課裏面大懺悔文的偈前面的一段，就是普賢行願品上的。普賢菩薩發十個大願心，就照這十大願自己修，叫行。希望眾生大家照十大願修，叫願。十大願，在後面有。行字是修行的意思。願就是願心。）發這樣懇切的願心，不是浮面的，所以說是**深心**。**奉**字是供養、供奉的意思。**塵剎**的塵字是微細的灰塵。剎字是一個佛土，就是一個三千大千世界。塵剎是說佛土像灰塵一樣的多。**奉塵剎**是說供養微塵數佛土的一切佛，不是只用那香、華、油、燈、幢、旛、寶蓋等莊嚴的東西來供佛，是還要用這種深重的願心的供佛，這叫做真法供養如來。（真法，是真實的法，實在就是真實的心。）普賢行願品上說：一切的供養法裏面，真法供養，最是第一。照經裏面的說法，真法供養總共有七種事情：第一種，是依佛說的各種出世法修行。第二種，是使眾生能夠得到利益。第三種，是用種種方法使眾生服從自己的教化。第四種，是眾生從前造的惡業應該受苦報的，我去代他受苦。第五種，是勤勤懇懇修自己的各種善根。第六種，是所有菩薩應該做的事業一些也不肯放棄。第七種，是心心念念總在這個菩提心上，（菩提心，是願度盡眾生的心，是願成佛的心。）沒有一個時刻離開這條心念。這七種的真法供養，其實還只是成佛度眾生的願心——度眾生是佛的本心。法華經上說：若是能夠用佛說的妙法教化眾生，就算是已經報了諸佛的恩。現在阿難發的願就是這個道理，所以說**是則名為報佛恩**，意思是說，要像這樣才可以算是報答佛恩。上面發願的四句偈解釋完了，再講下面發誓的四句偈。

伏請是俯伏在地上請求的意思，是恭敬誠懇的意思。**世尊**是佛的一種名號。（佛總共有十種名號，在夜課裏面會講明白。）**證明**的證字，是做一個見證的意思，就是請求佛替阿難證明白下面所發的三句誓。五濁惡世的濁字，是渾濁不潔淨的意思，**五濁**就是阿彌陀經裏的劫濁、見濁、煩惱濁、眾生濁、命濁五種。（劫字是各種時劫，因為有大劫、中劫、小劫等各種時代，所以叫時劫。時劫本來沒有什麼不潔淨的事情，因為有下面的見濁等四種濁，才成功這個劫濁，所以也可以算是一種濁。見濁是我見、邊見、戒取、見取、邪見五種。煩惱濁是貪、瞋、癡、慢、疑五種。眾生濁，因為眾生永遠在六道裏面生生死死，說不盡的苦，所以叫做濁。命濁就是一個人在這個世界上，一年四季，冷暖不定，時時催人老死，壽命像朝晨的露水一樣，一眨眼就可以消失，真是危險，所以叫做濁。這五種濁，在阿彌陀經白話解釋裏面五濁惡世一節底下有詳細解釋。）娑婆世界因為有這樣的五種渾濁不清淨的法去迷惑了眾生的本性，造出種種惡業來，所以叫做**惡世**。五濁惡世的眾生，最不容易教化，所以像法華會上，八千個受記的聲聞和六千個比丘尼，對佛發誓，都說只願意到別的國土裏去講這經典，不願意教化娑婆世界的眾生，可見這個世界的眾生實在是難度，所以他們都不願意。現在阿難發的誓，不但是願意來度，還願意先到這個五濁惡世，先度五濁惡世的眾生，所以說五濁惡世誓先入，（**入**字是進去的意思，就是到五濁惡世裏去）這真是菩薩的發誓了。

後兩句的意思是說，若是還有一個眾生沒有成佛，自己終不肯就入**泥洹**。（泥洹，就是涅槃，又叫做滅度，是滅盡煩惱，度脫生死的意思。取字就是得到的意思。取泥洹就是自己享受涅盤的真實快樂，不再出現到世界上來了。涅槃就是不生不滅，不受生死的苦，所以說是真實快樂。）發這樣的誓，差不多和地藏王菩薩的誓願一樣。

修行的人，念這八句偈應該要至誠懇切，真心當做是自己發的大誓願，萬萬不可以忽略，要曉得，菩薩的四宏誓願，就是成佛的因。

大雄大力大慈悲，希更審除微細惑。令我早登無上覺，於十方界坐道場。

這四句偈是阿難請求佛加被的。**大雄**是讚佛的無上威德。**大力**是讚佛的無上智慧。照世間說法，能成功打天下，能成功一番大事業，就叫做英雄。何況佛是法王，統轄一個三千大千世界，（統轄就是總統管理的意思。每一尊佛，教化一個佛土，三千大千世界，就是一個佛土。在阿彌陀經白話解釋裏面，從是西方過十萬億佛土一節底下，有詳細解釋。總統，是一齊歸他統領的意思。）都歸佛教化的呢？成功做出這樣出世的大事業，還不是最大的英雄嗎？所以說是大雄。世間人有特別的勇力，能夠勝過大眾，叫做力士。佛的大智慧力，能夠打破五陰魔、煩惱魔、死魔，降伏自在天魔，（五陰魔，就是色、受、想、行、識五種，因為這五種和煩惱都是迷惑人的，所以都叫魔。死魔，是有業的人到了臨死的時候，來纏擾的一種魔鬼。自在天，就是他化自在天；這一層天上的天魔很厲害，只有佛能夠降伏他。降伏，是壓伏他，使他屈服的意思。）從三界火宅裏面（法華經上說：三界無安，猶如火宅，是說三界像火燒的房屋一樣，人住在裏面，苦不苦呢？）救出一切眾生，還不是絕大的力士嗎？所以說是大力。慈，是眾生沒有快樂，佛拿涅盤的樂來給眾生，所以稱作**大慈**。悲，是眾生只有種種的苦惱，佛可以拔去眾生生死的苦，所以稱做**大悲**。

希字是希望，就是請求佛加被的意思。**更**字就是再字的解釋。**審**字是辨明白的意思。**除**字是去掉的意思。阿難聽了佛的一番說法，雖然把最粗的顛倒想（一切的迷惑，都是顛倒想，見惑的一種相最粗，消滅了最粗的顛倒想，就是說破了見惑。）消滅掉了，還有無數**微細**顛倒想（就是說思惑和那塵沙惑、無明惑。）沒有去掉，不先把那迷惑的根源辨明白，怎麼能夠去掉它呢？這種迷惑的根源，若是自己能夠辨明白，早就把它去掉了，也不用等到今天。既然自己辨不明白，那一定要請求佛的威神加被，開發自己的智慧，才可以辨明白、去得掉。所以說希更審除微細惑，意思就是說，希望佛再替我辨明白那各種微細迷惑的根源，好讓我把它去掉。因為不把各種迷惑完全去掉，就不能夠成佛度眾生，這是阿難度眾生的願心，非常的急切，恨不得自己立刻就成佛，現出無量無邊的化身，到十方世界去說法，把所有一切的眾生完全度脫，所以有這下面的兩句。

菩薩裏最高級的一生補處的菩薩，還只能夠稱等覺菩薩，所以**無上覺**三個字，只有佛能夠稱的。阿難說令我早登無上覺，就是說，好使我早成佛。用一個早字，就可以知道阿難的心很急切了。**於**是在的意思，於十方界就是在十方的世界。道場就是講道的會場，佛在道場裏講法，總是先安好了最高大的座位，跏趺坐了，才開講，所以叫做**坐道場**。這一句是阿難盼望自己早些成佛，可以在十方世界，坐在道場裏，說法度眾生。

修行的人念這四句偈的時候，也要當做是自己求佛加被，至誠懇切地念的。

舜若多性可銷亡，爍迦羅心無動轉。

阿難說這兩句偈，是表明自己所發的願心絕不肯退的意思。舜若多、爍迦羅都是梵語，翻譯成中文，**舜若多**是空。**爍迦羅**是堅固。照佛經裏面說起來，不論什麼，都有一個性，哪怕虛空，也有空性，這個空是沒有什麼東西，怎麼可以消到沒有呢？（**亡**，是沒有。）這是用反說來顯明懇切的意思。就算虛空可以消到沒有，我這個堅固的願心，還是沒有變動退轉。何況虛空不可以消到沒有，我的堅固願心更加不會變動退轉。阿難所說的偈，到這兩句就結束了。

修行的人念這兩句，也應該當做是自己對佛表明願心的堅固。

南無常住十方佛，南無常住十方法，南無常住十方僧。

這三句是皈依的別相三寶。

常住的**常**字是不變的意思。**住**字是不動的意思。照不懂得真道理的人說起來，像釋迦牟尼佛在這個世界上只有八十年就滅度了。經裏面，佛自己說，過了多少年，各種佛經都要沒有了，只有淨土的經多留一百年在世界上。那麼，佛法終究是要失傳了。僧人是傳佛法的，到了佛法失傳的時候，怎麼還會有僧人呢？各世界的佛，雖然壽命的長短不同，正法、像法、末法的時劫多少也不同。總之，佛總要滅度，法總要失傳，僧總要沒有的，怎麼可以說是常往呢？這種說法，實在是凡夫的顛倒想。

要曉得，一切的佛證得的清淨法身，是沒有開始也沒有終了的，是永遠不不變的。照釋迦牟尼佛說，從成佛到現在，已經經過無數不可以計算的劫數，常在這個娑婆世界上教化眾生，也在旁處無量無邊的國土裏現身說法。就是這個世界到災劫的時候，大眾都看見被那劫火燒完了，（這兩句是說，到了人的壽命減到只有十歲的時候，就有水、火、風各種的大劫來了。在阿彌陀經白話解釋　面彼佛壽命一節底下，有詳細解釋。）佛的七寶莊嚴的淨土，並沒有一些毀壞，佛還是在那靈鷲山，（靈鷲山，是一個山的名稱，在印度，就是佛常在那裏說法的地方，簡單說，就叫靈山。）有許多的菩薩、聲聞、大眾，圍繞佛聽法——壽命無量無邊阿僧祇劫常住不滅，這是佛金口說的，怎麼可以不相信呢？從前智者大師在道場裏讀法華經，讀到藥王菩薩本事品的善男子，是真精進，是名真法供養如來這幾句，（藥王菩薩本事品是法華經各品裏面的一品。一品，差不多是一種的意思。）忽然自己入定了，（入定，就是用禪定的功，心念寂靜，沒有一些起心動念的相，可以經過很長的時間不動、不吃東西。）看見佛還在靈山，和無數的菩薩、聲聞講法華經，這是智者大師在禪定裏親眼看見的。

可見得不論應身佛、報身佛、法身佛，本來都是不生不滅的。佛既然常住，就一定是常常說法。那麼，就是法常住了。法既然常住，就一定有聽法、傳法的人，那麼，就是僧常住了。照這樣看起來，佛在雙樹間現的涅槃相，（雙樹，是兩株娑羅樹，下一節裏就會講明白。）其實並不是佛真的入了涅槃，不過是一般的苦惱眾生和佛的緣盡了，從自己的識神上變現出這種佛入涅槃的相來。那些有緣的眾生，還是在佛跟前聽法。

所以，照這種道理推想起來，所有佛經裏面說的：某世界的佛，壽命多長。某世界的佛，教化的地方多遠。也是單就一部份眾生的機緣說的，就像極樂世界，凡是和阿彌陀佛緣深，就看見阿彌陀佛常住不滅。和觀世音菩薩緣深，就看見觀世音菩薩成佛坐道場。所以普賢行願品說：一一剎中，念念有不可說不可說佛剎極微塵數一切諸佛成等正覺。（這幾句的意思大略說明一下，剎是佛剎，就是一個佛土，就是一個三千大千世界。不可說不可說也是佛經裏面極大、極大的數目，比無量無邊阿僧祇等各種數目，還要大到不可以計算哩！成等正覺就是成佛，在佛法大意裏面已經講過。在各個佛剎裏，我們一個、一個念頭不停轉的時候，有許多修道的，都修成了佛。所說許多的佛，是怎樣的多呢？就是把不可說不可說那樣多的佛剎，研成了極微細的灰塵那些數目的多。大家不要疑心佛有這樣的多，我們凡夫的心量很小，所以覺得稀奇，凡夫的心量，怎麼可以估量佛的境界呢？）就是這個道理了。（阿彌陀經上說，阿彌陀佛的壽命無量無邊阿僧祇劫，彷佛是阿彌陀佛永遠不會涅槃。別的經上又說阿彌陀佛涅槃了，觀世音菩薩補阿彌陀佛的位成佛。兩種說法不同，人恐怕要疑惑。其實佛是常住的，阿彌陀佛永遠不涅槃。和阿彌陀佛緣盡的眾生，就看見阿彌陀佛涅槃。和觀世音菩薩緣熟的眾生，就看見觀世音菩薩成佛，兩種說法其實都是的。上面所引普賢行願品的說法，就見到十方世界時時刻刻有不能夠計算數目的佛在那裏成佛，要等到阿彌陀佛涅槃，觀世音菩薩才成佛，都是眾生的緣的關係。緣熟，是機緣到了的意思。）

念這三句的人，應該要想自己的心確實是周遍法界的，一句、一句地用至誠心念，那就十方的三寶都皈依到了。

南無釋迦牟尼佛！南無佛頂首楞嚴！

南無觀世音菩薩！南無金剛藏菩薩！

前面三句是普通皈依十方的三寶，這四句是特別皈依本經的三寶。（本經，就是指楞嚴經。）其實皈依了十方三寶，本經的三寶也自然在裏面了。不過本經是正主，所以再特別提出來皈依。第一句，皈依**釋迦牟尼佛**，因為是我們現在娑婆世界的教主，並且又是說這楞嚴經，那是皈依的佛寶。第二句，皈依**佛頂首楞嚴**，就是這部經、這篇咒的名稱，因為要配齊一樣的七字句，所以減去了開頭的一個大字，並沒有別種意思，好像說了佛頂兩個字，自然見到是大的，可以不必再用這個大字，這是皈依的法寶。第三、第四兩句，是皈依的僧寶。（只有佛可以稱佛寶，像觀音、勢至、文殊、普賢等大菩薩，還只能夠歸在僧裏面，稱做聖僧，所以只能夠稱僧寶。）

楞嚴會裏面，大菩薩很多，怎麼單單皈依這兩位大菩薩呢？這有兩種道理：第一種道理，是因為經裏面，佛吩咐文殊菩薩揀選最初下手修行的方便法，文殊菩薩只揀中了**觀世音菩薩**的耳根圓通法門，（這一句的解釋，下面就會說明白。）說是超過任何一位大菩薩的修法，還說這種耳根圓通的法門，不只是合著阿難喜歡多聞的性，（阿難在佛的弟子裏，稱做多聞第一。因為他是服侍佛的近身人，服侍佛有二十五年，佛每次說法，他都聽到。他的性情，又最喜歡聽，所以稱他多聞第一。）其實對那娑婆世界的眾生也都很相宜。就顯教的一方面來說，（顯教，是顯明的教法，就是說楞嚴經。）觀世音菩薩是第一個有關係的。**金剛藏菩薩**是密教的部主，（密教，是祕密的佛法，專門念各種咒的。部主，是密教一部的主。）念咒是密教的法門，就密教的一方面來說，（就是說楞嚴咒。）金剛藏菩薩是第一個有關係的。所以皈依這兩位菩薩，是取顯教、密教大家圓通的意思。還有一種道理，凡是持楞嚴咒的壇，都把觀世音、金剛藏兩位菩薩的像供在左右兩邊。現在持楞嚴咒，皈依這兩位菩薩，是合著道場儀式的意思。（儀式，就是禮節格式的意思。）這是約略講些皈依本經三寶的道理，再講各位佛菩薩的名號，和各位佛菩薩的事情。

釋迦牟尼佛是迦毗羅衛國的王太子，（迦毗羅衛國，是現在的中印度。印度總共分五大部：叫東印度、南印度、西印度、北印度、中印度。）父親是淨飯王，母親是摩耶夫人。這位太子是從摩耶夫人的右邊肋裏生出來的，出生在中國周昭王的二十四年四月初八，（也有說是二月初八出生。）生下來的時候，有種種吉祥的瑞相，所以佛的名字，梵語就稱做薩婆悉達，翻譯成中文是頓吉兩個字，就是取吉祥具足的意思。（具足，是完全的意思。）簡單說，就稱悉達太子。十九歲出家，到雪山裏去修道，六年苦行，每天只食一粒芝麻或是一粒麥，雖然修成了種種極深妙的禪定，但是還不能夠得到阿耨多羅三藐三菩提。（就是無上正等正覺，在阿彌陀經白話解釋裏面詳細講過。）直修到三十歲，忽然大大開悟，方才成了佛，佛號就稱釋迦牟尼，也稱釋迦文佛。

釋迦牟尼四個字是梵語，翻譯成中文，釋迦是能仁兩個字，（仁字，本來就是慈悲的意思。）意思就是說，能夠大慈大悲救度一切眾生。牟尼是寂默兩個字，寂是無相，默是不說——金剛經上說不可以三十二相得見如來，（這句經的意思是，雖然說佛有三十二種好相，但是見佛，不是執著在色相上面的。）就是寂字的意思。又說如來無所說，就是默字的意思。這個名號，是佛在過去世修菩薩道的時候，修滿了第二個阿僧祇劫，在燃燈佛前授記的。釋迦牟尼佛得道後，說了四十九年的法，度脫了無量無邊的眾生，到八十歲那一年的二月十五日，在印度拘尸那城阿夷羅跋提河邊兩株娑羅樹的中間，現出那入涅盤的相，這是就釋迦牟尼佛的事蹟現相講的。（釋迦牟尼佛的許多道理，在阿彌陀經白話解釋裏面佛說阿彌陀經題目底下，還有許多解釋，說得很詳細。）若是講釋迦牟尼佛的本地，那是在不可計算的劫數以前已經成佛，因為要勸化眾生，所以特地現出這樣投胎、出家、修道、成佛、涅盤種種的相來給眾生看。其實佛的自在神通不可思議，念佛的人，只要一心地念，不可以妄起分別執著的心去亂猜亂想。

觀世音菩薩，照經上面說，無數恆河沙劫前，有一尊佛出世，名號是觀世音佛，觀世音菩薩就在這尊佛前發菩提心，佛教他修耳根法門，證得了聞性圓通的道理，（用耳根法門，是不論有聲音、沒有聲音，常常把心收攝住了，靜靜地聽，到日子長久了、心定了，妄想漸漸地少到沒有，業清靜了，凡夫的情也空了，真性顯現出來，就能夠證到圓通的真常實性，所以叫耳根圓通。用這樣功夫的人很多，等到這種功夫用得深，一聽到什麼聲音，就都可以悟得，這就叫做證得聞性圓通的道理。到下面稱念觀世音菩薩聖號下，還有解釋）就得到三十二種隨類的應身，十四種的施無畏力，（隨類的應身，就是什麼根機的眾生，應該現什麼相才能夠去度他，就化現什麼樣的身相去度。哪怕畜生、餓鬼、地獄各種相，沒有一樣不現的。現在畫的、塑的像，常常是女相，就因為要到女人中間去救度人，所以就現女人相。那些不明白的人，就算觀世音菩薩是女，哪裏有已經成佛的菩薩還是女相的道理呢？況且，西方極樂世界沒有女相的，哪怕本來是婦女，只要往生到西方，也就成了男相了。觀世音菩薩現相，大略講起來，說是三十二種，其實是隨機應化的，哪裏只有三十二種呢？施無畏力，是能夠用神通力救脫眾生的急難，消滅眾生的煩惱惡業，增長眾生的福德智慧，叫做施無畏。三十二種應身，十四種無畏，在楞嚴經裏面，都說得很明白，這不詳細講了。）能夠普度一切的眾生。因為觀世音菩薩從觀察世間一切聲音的相（聲音也相的，無論是苦聲、樂聲、悲聲、歡聲，都有相的，在阿彌陀經白話解釋 面其士眾生常以清旦一節底下，有詳細解釋。）都是因緣生法，（不論什麼法，都是從因和緣 面生出來的，佛法大意裏面，開頭就詳細講過。）虛妄不實在的，能夠悟真實的道理，能夠守護住耳根，不去跟著那聲音流轉，回復他自己的聞性，所以觀世音佛也讚嘆他，就授記他稱做觀世音菩薩。旁處的經裏面也有稱觀自在菩薩，（像心經裏面，就稱觀自在菩薩。）因為能夠修圓妙的觀法得大自在。

觀世音菩薩和我們這個世界的眾生特別有緣，靈感的事蹟也特別多。看江西許止淨老居士做的一部，觀世音菩薩本跡感應頌，有許多實在的事情，都是在各種書本裏搜集來的。還有許多菩薩的靈感，大家不知道的，更加不曉得有多少哩！可見得這位菩薩的威神力真的不可思議。（其實觀世音菩薩在過去無量劫前早已成佛，佛號是正法明如來，因為慈悲心太切了，一心要想救度世界上的一切苦惱眾生，所以不捨佛身，現菩薩的相，到我們的世界上來。廣大，是說觀世音菩薩的心願大。靈是有靈驗，感是有感應。不捨佛身的意思，是雖然現出菩薩的相來，但是本來的佛身並不捨棄，仍舊是佛。）現在這位菩薩在西方極樂世界阿彌陀佛國土裏，若是修行的人能夠真心的恭敬這位菩薩，至誠地天天稱念他名號，也可以往生到極樂世界去。

金剛藏菩薩又稱金剛藏王，統領眷屬，（佛經裏面所說的眷屬，和世界上所說的眷屬是不同的，並不是專門指家眷。凡是弟子們、跟隨他的人和受他管理的人，都叫眷屬。）保護一切持咒的人都不受到魔難。這位菩薩的智慧不可思議，所以稱做金剛藏。金剛兩個字是比喻菩薩智慧性的堅固猛利。藏字，就密教說，是守祕密藏的意思。（密教，本來是專門持咒的。守祕密藏，就是持各種咒的意思。）就顯教說，是開如來藏的意思。（如來藏，是如來藏心，就是人本來有的真實心。開是開發的意思，就是把本來有的真實心顯出來的意思。）華嚴經上的十地品，就是這位菩薩說的，真是不得了的大菩薩。

爾時，世尊從肉髻中涌百寶光，光中涌出千葉寶蓮，有化如來坐寶華中，頂放十道百寶光明，一一光明皆徧示現，十恆河沙金剛密跡，擎山持杵，徧虛空界。大眾仰觀，畏愛兼抱，求佛哀佑，一心聽佛，無見頂相。放光如來，宣說神咒：

這一段文字是說釋迦牟尼佛放光現相，說這一篇神咒時的情形，應該要把道理和事蹟分開來解釋，才容易明白，現在先講**事蹟**。

阿難因為佛說：要求菩薩道的人，必定要清清淨淨地守那不殺生、不偷盜、不邪淫、不妄語的四種根本重戒，方才可以沒有魔事。又說：若是宿世的惡習氣重，不能夠頓時消滅，就應該教他一心念我這篇神咒。阿難前次雖然靠文殊菩薩用這神咒救了他，但那是在暗地裏得到的益處，並沒有清清楚楚地聽到這個咒，現在佛既然說要阿難把這個神咒教人念誦，阿難自然不能夠不請求佛再說一遍了。

開頭的**爾時**兩個字，就是說阿難請求佛說咒的那個時候。世尊就是稱釋迦牟尼佛。**肉髻**，照無上依經上說：（無上依經，是一部佛經的名稱。）佛的頭頂上有頂骨高起，像是一個髻的形狀，（頭髮盤在頭頂心上，叫做髻，現在的道士，就是盤髻的。）叫做肉髻，是佛的三十二相裏第三十二種相，叫做頂肉髻成相。（意思就是說佛頂上自然地成功一個肉髻。）**涌**字是說像泉水湧出來的樣子。**百寶光**，是說光的明亮像是一百種寶貝的光，（這個百字要活看，並不是限定一百種，是說多的意思。下面的千葉寶蓮的千字，也是這樣的。）顏色好看，不是一種，像是百種的寶和合成的。這樣的百寶光，是從佛頂上的肉髻湧出來的。千葉寶蓮的葉字，就是華瓣，**千葉**是說蓮華的華瓣有一千辦。**寶蓮**是說蓮華的清淨好看也像是寶貝做成的。照法華經上說：妙音菩薩要到娑婆世界來禮拜釋迦牟尼佛，先在靈山離開佛法座不遠的地方，化出八萬四千朵的寶蓮華來——閻浮檀金的華梗，（閻浮，是一種樹的名字，樹上生的果子的汁流到了河裏，就成一種最好的金子，叫閻浮檀金。）白銀的華瓣，金剛的華鬚，甄叔迦寶的華臺。（甄叔迦，是一種紅色的寶。華臺，就是蓮蓬。）現在所說的千葉寶蓮，大約也像這種樣子，這樣的寶蓮華，就在那百寶光裏湧出來的。**化如來**的化字，是化現，不是變化。化現是本來有的，不過是不現相的，現在忽然現了相出來。變化是本來沒有，用了神通變出來。這兩種意思，不可以不辨清楚。既然說是化如來，就見得不是別尊佛，也不是從旁的國土來的佛，就是佛經裏面佛說的**無爲心佛**。（無為，是沒有作為的意思，不是做了才成功的意思。）心佛就是法身佛，法身是本來這樣的，並不是修成的，所以說是無為，一切的咒大都是法身佛說的。

這個化如來，就坐在那寶蓮華裏，化如來的頂上再放出**十道**很明亮的**百寶光明**，每一道寶光裏，都周遍地現出許多護法神來，數目有十個恆河沙數那樣多，名稱叫做**金剛密跡**。金剛兩個字，因為化如來手裏捏的是金剛杵，（金剛杵，是一種兵器，就是現在寺院 韋馱菩薩手裏的那件東西。）所以稱做**金**

剛，又叫做執金剛神。**密跡**兩個字，因為護法神現這形跡出來，保護持密咒的修行人，所以稱做密跡，十道寶光裏，都現出這種相。**擎山持杵**是說金剛神有威勢的相。擎字是擎起來的意思。持字是捏在手裏；杵字就是金剛杵。擎山持杵是佛的神力現出金剛密跡護法神的相來，一隻手擎金剛大山，一隻手拿金剛寶杵，（山稱金剛寶山，杵稱金剛寶杵，是因為要顯出這種山、這種杵都很堅固、不會壞，更加見到金剛密跡護法神的雄猛威嚴。）形狀很雄猛、很威嚴、很可怕，所以能夠鎮壓魔軍，（魔軍，是魔王手下的兵，也都是魔鬼。）使他們看見了都逃走。若是有發心信佛的人，看見了這種形狀，就可以使他證得果位。**遍虛空界**四個字，是形容金剛神的多，差不多虛空裏都擠滿了。

大眾是指全會聽法的人。**仰觀**是說仰起頭來看，因為化如來和那無數的金剛神，都在佛頂上放出來的光裏，很高很高的，要看，總得要仰起頭來才看得到。**畏**字是心裏懼怕的意思。**愛**字是心裏歡喜的意思。**兼抱**，是說一時心裏懼怕和歡喜兩種念頭都有的意思。抱字是形容那種念頭在心裏放不開來，好像是抱在胸口的樣子。因為化如來和金剛神都非常有威嚴，所以起了懼怕的心。

想到化如來說出咒來，自己可以得到許多利益，將來持咒，有這無數的金剛神保護，絕對可以沒有魔難，所以又起了歡喜的心。**求佛哀佑**是求化如來哀憐保佑，使得將來持咒容易成功。最後一句**一心聽**三個字，是說聽咒的人都心思專一，沒有旁的念頭。無見頂相，是說佛的頂相，一切的人都看不見，這是佛的八十種隨形好裏面（八十種好，是跟隨了三十二種好相來的，所以叫做隨形好。）第一種好的名稱，就叫做**無見頂相**。**放光如來**，是說這一尊化如來是從佛頂上放的光裏現出來的。**宣說神咒**的宣字，是宣布、宣講的意思。神咒就是說下面這一篇楞嚴咒。現在先把事蹟說清楚了，再大略把那**道理**來說說。

大凡佛的種種放光現相，總是表顯什麼道理的。（每次放光，都是利益眾生的，放光有各處的不同，放哪一處的光，就利益哪一種的眾生，都有一定。像足底下放光，是利益地獄道眾生。膝蓋放光，是利益畜生道眾生。小腹下放光，是利益餓鬼道眾生。肚臍裏放光，是利益修羅道眾生。胸口放光，是利益人道眾生。肩上放光，是利益天道眾生。口裏放光，是利益小乘。眉間放光，是利益大乘。肉髻放光，是利益最上乘根機，或是召大菩薩，或是灌十方諸佛的頂，也從肉髻裏放出光來。）這一回放光，是從肉髻裏湧出來，肉髻在佛頂的中間，是身上第一處最高的地方，這是表顯無上正覺證得的中道第一義諦。（這兩句和下面的一相無相的實相，在佛法大意裏面都詳細講過。）**無見頂相**，是說雖然有這個相，卻是不能夠看見，這是表顯一相無相的實相。百寶光湧出千葉寶蓮，是表顯的百界千如，就是表顯一切眾生的如來藏心。

法界有十種，就是佛、菩薩、緣覺、聲聞的**四聖法界**，和那天、人、阿修羅、畜生、餓鬼、地獄的**六凡法界**。這十種法界，完全都在現前一念的心性裏。每一法界的一切法，就像法華經上說的十種如是，就是如是相、如是性、如是禮、如是力、如是作、如是因、如是緣、如是果、如是報、如是本末究竟等，簡單說就叫做十如。（十如，就是上面所說的十種如是。但是這十種如是，都要完全解釋，那會很複雜，所以只要曉得一些名目就是了。好在這裏不過是要曉得什麼叫做百界千如。若是要曉得明白，請看智者大師所做的一部解釋法華經的書，叫法華五義，裏面說得很明白。）每一法界裏，又各有十法界的因性，（因性，是因的性子，就是種子的意思。）十法界統說就有百法界的因性，照一法界有十種如是算起來，百法界就有千種如是了，所以叫做百界千如，這是一切眾生心性的妙處。

頂放十道寶光，就是表顯一界各具十界的道理。（就是上面所說的每一法界各有十法界的因性。）一一的光裏，都現**十恆河沙**的金剛神，就是表顯的一界裏各有十如的道理。十如是是一切法的總相，一切的法，各有恆河沙數不同的別相，所以，金剛神現十恆河沙數，就是表顯這種道理。光裏現出**化如來**坐在寶蓮華上，是表顯一切眾生心性裏，自然有這無為心佛，不是修得的。雖然不是修得的，但是卻要修到功夫深了，能夠依靠智慧觀照的力量，才能夠顯然現出來。這種道理，應該要用心仔細去研究，才會研究明白，才曉得一切眾生的心性原來就是佛了。

下面就是楞嚴咒的文句。這篇咒，佛說是心咒，又說是咒心，見得是從佛心裏流出來，能夠降伏一切妄心。所以，摩登伽一聽這咒，淫心就頓時消滅。這咒的威神力，實在是不可思議。

第一會

南無薩怛他。蘇伽多耶。阿囉訶帝。三藐三菩陀寫。薩怛他。佛陀俱胝瑟尼釤。南無薩婆。勃陀勃地。薩路鞞弊。南無薩多南。三藐三菩陀。俱知南。娑舍囉。婆迦僧迦喃。南無盧雞阿羅漢路喃。南無蘇盧多波那喃。南無娑羯唎陀伽彌喃。南無盧雞三藐伽路喃。三藐伽波囉底。波多那喃。南無提婆離瑟赧。南無悉陀耶。毗地耶。陀囉離瑟赧。舍波奴揭囉訶。娑訶娑囉摩他喃。南無跋囉訶摩尼。南無因陀囉耶。

南無婆伽婆帝。盧陀囉耶。烏摩般帝。娑醯夜耶。南
無婆伽婆帝。那囉野拏耶。槃遮摩訶。三慕陀囉。南
無悉羯唎多耶。南無婆伽婆帝。摩訶迦羅耶。地唎般
剌那伽囉。毗陀囉波。拏迦囉耶。阿地目帝。尸摩舍
那泥。婆悉泥。摩怛唎伽拏。南無悉羯唎多耶。南無
婆伽婆帝。多他伽跢俱囉耶。南無般頭摩俱囉耶。南無
跋闍囉俱囉耶。南無摩尼俱囉耶。南無伽闍俱囉耶。
南無婆伽婆帝。帝唎茶輸囉西那。波囉訶囉。拏囉闍
耶。跢他伽多耶。南無婆伽婆帝。南無阿彌多婆耶。

哆他伽多耶。阿囉訶帝。三藐三菩陀耶。南無婆伽婆
帝。阿芻鞞耶。跢他伽多耶。阿囉訶帝。三藐三菩陀
耶。南無婆伽婆帝。鞞沙闍耶。俱盧吠柱唎耶。般囉
婆囉闍耶。跢他伽多耶。南無婆伽婆帝。三補師毖
多。薩憐捺囉剌闍耶。跢他伽多耶。阿囉訶帝。三藐
三菩陀耶。南無婆伽婆帝。舍雞野母那曳。跢他伽多
耶。阿囉訶帝。三藐三菩陀耶。南無婆伽婆帝。剌怛
那雞。都囉闍耶。跢他伽多耶。阿囉訶帝。三藐三菩
陀耶。帝瓢。南無薩羯唎多。翳曇婆伽婆多。薩怛他

伽都瑟尼釤。薩怛多般怛囒。南無阿婆囉視耽。般囉
帝揚岐囉。薩囉婆部多揭囉訶。尼揭囉訶。羯迦囉訶
尼。跋囉毖地耶叱陀你。阿迦囉密唎柱。般唎怛囉耶
儞揭唎。薩囉婆槃陀那目叉尼。薩囉婆突瑟吒。突悉
乏般那你伐囉尼。赭都囉失帝南。羯囉訶娑訶薩囉若
闍。毗多崩娑那羯唎。阿瑟吒冰舍帝南。那叉刹怛囉
若闍。波囉薩陀那羯唎。阿瑟吒南。摩訶揭囉訶若
闍。毗多崩薩那羯唎。薩婆舍都嚧你婆囉若闍。呼藍
突悉。乏難遮那舍尼。毖沙舍悉怛囉。阿吉尼烏陀

迦囉若闍。阿般囉視多具囉。摩訶般囉戰持。摩訶疊多。摩訶帝闍。摩訶稅多闍婆囉。摩訶跋囉槃陀囉婆悉你。阿唎耶多囉。毗唎俱知。誓婆毗闍耶。跋闍囉摩禮底。毗舍嚧多。勃騰罔迦。跋闍囉制喝那阿遮。摩囉制婆般囉質多。跋闍囉擅持。毗舍囉遮。扇多舍鞞提婆補視多。蘇摩嚧波。摩訶稅多。阿唎耶多囉。摩訶婆囉阿般囉。跋闍囉商羯囉制婆。跋闍囉俱摩唎。俱藍陀唎。跋闍囉喝薩多遮。毗地耶乾遮那摩唎迦。啒蘇母婆羯囉跢那。鞞嚧遮那俱唎耶。夜囉菟瑟尼釤。毗折藍婆摩尼遮。跋闍囉迦那迦波囉婆。嚧闍那。跋闍囉頓稚遮。稅多遮迦摩囉。剎奢尸波囉婆。翳帝夷帝。母陀囉羯拏。娑鞞囉懺。掘梵都。印兔那麼麼寫。

第二會

烏許。唎瑟揭拏。般剌舍悉多。薩怛他伽都瑟尼釤。
虎許。都盧雍。瞻婆那。虎許。都盧雍。悉耽婆那。
虎許。都盧雍。波囉瑟地耶。三般叉拏羯囉。虎許。
都盧雍。薩婆藥叉喝囉刹娑。揭囉訶若闍。毗騰崩薩
那羯囉。虎許。都盧雍。者都囉尸底南。揭囉訶娑訶
薩囉南。毗騰崩薩那囉。虎許。都盧雍。囉叉。婆伽
梵。薩怛他伽都瑟尼釤。波囉點闍吉唎。摩訶娑訶薩
囉。勃樹娑訶薩囉室唎沙。俱知娑訶薩泥帝隸。阿弊

提視婆唎多。吒吒曇迦。摩訶跋闍嚧陀囉。帝唎菩婆

那。曼茶囉。烏𤙖。娑悉帝薄婆都。麼麼。印兔那麼

麼寫。

第三會

囉闍婆夜。主囉跋夜。阿祇尼婆夜。烏陀迦婆夜。毗沙婆夜。舍薩多囉婆夜。婆囉斫羯囉婆夜。突瑟叉婆夜。阿舍你婆夜。阿迦囉密唎柱婆夜。陀囉尼部彌劍波伽波陀婆夜。烏囉迦婆多婆夜。刺闍檀茶婆夜。那伽婆夜。毗條怛婆夜。蘇波囉拏婆夜。藥叉揭囉訶。囉叉私揭囉訶。畢唎多揭囉訶。毗舍遮揭囉訶。部多揭囉訶。鳩槃茶揭囉訶。補丹那揭囉訶。迦吒補丹那揭囉訶。悉乾度揭囉訶。阿播悉

摩囉揭囉訶。烏檀摩陀揭囉訶。車夜揭囉訶。醯唎
婆帝揭囉訶。社多訶唎南。揭婆訶唎南。嚧地囉訶
唎南。忙娑訶唎南。謎陀訶唎南。摩闍訶唎南。闍
多訶唎女。視比多訶唎南。毗多訶唎南。婆多訶唎
南。阿輸遮訶唎女。質多訶唎女。帝釤薩鞞釤。薩
婆揭囉訶南。毗陀耶闍。瞋陀夜彌。雞囉夜彌。波
唎跋囉者迦訖唎擔。毗陀夜闍。瞋陀夜彌。雞囉夜
彌。茶演尼訖唎擔。毗陀夜闍。瞋陀夜彌。雞囉夜
彌。摩訶般輸般怛夜。嚧陀囉訖唎擔。毗陀夜闍。

瞋陀夜彌。雞囉夜彌。那囉夜拏訖唎擔。毗陀夜闍。瞋陀夜彌。雞囉夜彌。怛埵伽嚧茶西訖唎擔。毗陀夜闍。瞋陀夜彌。雞囉夜彌。摩訶迦囉摩怛唎伽拏訖唎擔。毗陀夜闍。瞋陀夜彌。雞囉夜彌。迦波唎迦訖唎擔。毗陀夜闍。瞋陀夜彌。雞囉夜彌。闍耶羯囉。摩度羯囉。薩婆囉他娑達那訖唎擔。毗陀夜闍。瞋陀夜彌。雞囉夜彌。赭咄囉婆耆你訖唎擔。毗陀夜闍。瞋陀夜彌。雞囉夜彌。毗唎羊訖唎知。難陀雞沙囉伽拏般帝。索醯夜訖唎擔。毗陀夜闍。瞋陀夜彌。雞囉夜彌。那揭那舍囉婆拏訖唎擔。毗陀夜闍。瞋陀夜彌。雞囉夜彌。阿羅漢訖唎擔。毗陀夜闍。瞋陀夜彌。雞囉夜彌。毗多囉伽訖唎擔。毗陀夜闍。瞋陀夜彌。雞囉夜彌。跋闍囉波你。具醯夜具醯夜。迦地般帝訖唎擔。毗陀夜闍。瞋陀夜彌。雞囉夜彌。囉叉罔。婆伽梵。印兔那麼麼寫。

第四會

婆伽梵。薩怛多般怛囉。南無粹都帝。阿悉多那囉剌迦。波囉婆悉普吒。毗迦薩怛多鉢帝唎。什佛囉。什佛囉。陀囉陀囉。頻陀囉頻陀囉。瞋陀瞋陀。虎𤙖。虎𤙖。泮吒泮吒泮吒泮吒泮吒。娑訶。醯醯泮。阿牟迦耶泮。阿波囉提訶多泮。婆囉波囉陀泮。阿素囉毗陀囉波迦泮。薩婆提鞞弊泮。薩婆那伽弊泮。薩婆藥叉弊泮。薩婆乾闥婆弊泮。薩婆補丹那弊泮。迦吒補丹那弊泮。薩婆突狼枳帝弊泮。薩婆突澀比嚟訖瑟帝弊泮。薩婆什婆唎弊泮。
薩婆阿播悉摩嚟弊泮。薩婆舍囉婆拏弊泮。薩婆地
帝雞弊泮。薩婆怛摩陀繼弊泮。薩婆毗陀耶囉誓遮
嚟弊泮。闍夜羯囉。摩度羯囉。薩婆囉他娑陀雞弊
泮。毗地夜遮唎弊泮。者都囉縛耆你弊泮。跋闍囉
俱摩唎。毗陀夜囉誓弊泮。摩訶波囉丁羊乂耆唎弊
泮。跋闍囉商羯囉夜。波囉丈耆囉闍耶泮。摩訶迦
囉夜。摩訶末怛唎迦拏。南無娑羯唎多夜泮。毖瑟
拏婢曳泮。勃囉訶牟尼曳泮。阿耆尼曳泮。摩訶

羯唎曳泮。羯囉檀遲曳泮。蔑怛唎曳泮。嘮怛唎曳
泮。遮文茶曳泮。羯邏囉怛唎曳泮。迦般唎曳泮。
阿地目質多。迦尸摩舍那。婆私你曳泮。演吉質。
薩埵婆寫。麼麼印兔那麼麼寫。

第五會

突瑟吒質多。阿末怛唎質多。烏闍訶囉。伽婆訶囉。嚧地囉訶囉。婆娑訶囉。摩闍訶囉。闍多訶囉。視毖多訶囉。跋略夜訶囉。乾陀訶囉。布史波訶囉。頗囉訶囉。婆寫訶囉。般波質多。突瑟吒質多。嘮陀囉質多。藥叉揭囉訶。囉剎娑揭囉訶。閉隸多揭囉訶。毗舍遮揭囉訶。部多揭囉訶。鳩槃茶揭囉訶。悉乾陀揭囉訶。烏怛摩陀揭囉訶。車夜揭囉訶。阿播薩摩囉揭囉訶。宅袪革茶耆尼揭囉訶。

唎佛帝揭囉訶。闍彌迦揭囉訶。舍俱尼揭囉訶。姥陀囉難地迦揭囉訶。阿藍婆揭囉訶。乾度波尼揭囉訶。什伐囉堙迦醯迦。墜帝藥迦。怛隸帝藥迦。者突託迦。尼提什伐囉。毖釤摩什伐囉。薄底迦。鼻底迦室隸瑟蜜迦。娑你般帝迦。薩婆什伐囉。室嚧吉帝。末陀鞞達嚧制劍。阿綺嚧鉗。目佉嚧鉗。羯唎突嚧鉗。揭囉訶揭藍。羯拏輸藍。憚多輸藍。迄唎夜輸藍。末麼輸藍。跋唎室婆輸藍。毖栗瑟吒輸藍。烏陀囉輸藍羯知輸藍。跋悉帝輸藍。鄔嚧輸

藍。常伽輸藍。喝悉多輸藍。跋陀輸藍。娑房盎伽
般囉丈伽輸藍。部多毖哆荼。荼耆尼什婆囉。陀突
嚧迦。建咄嚧吉知婆路多毗。薩般嚧訶淩伽。輸沙
怛囉。娑那羯囉。毗沙喻迦。阿耆尼烏陀迦。末囉
鞞囉建跢囉。阿迦囉蜜唎咄。怛斂部迦。地栗剌
吒。毖唎瑟質迦。薩婆那俱囉。肆引伽弊。揭囉
唎藥叉怛囉芻。末囉視吠帝釤娑鞞釤。悉怛多鉢怛
囉。摩訶跋闍嚧瑟尼釤。摩訶般賴丈耆藍。夜波突
陀。舍喻闍那。辮怛隸拏。毗陀耶槃曇迦嚧彌。

帝殊槃曇迦嚧彌。般囉毗陀槃曇迦嚧彌。跢姪他。唵。阿那隸。毗舍提。鞞囉跋闍囉陀唎。槃陀槃陀你。跋闍囉謗尼泮。虎𤙖。都嚧甕泮。莎婆訶。

凡是講佛法的人，總把咒稱做祕密教，這有兩層的意思：一層是因為向來翻譯經典，所有的咒總是只翻譯聲音，不翻譯解釋。念咒的人只能依照聲音念，不能去研究解釋。一層是因為佛菩薩說的咒裏面的意思，只有佛菩薩自己曉得。所以，就是懂得字面的解釋，也研究不出它的道理來，所以說是祕密。專修念咒法門的，叫做**密宗**，就是祕密的意思。密宗的念咒，有五種念法：

第一種，叫做**出入息念**。這種念法，是心裏想定了這咒的字句，跟著氣息念，氣息放出來，字的聲音也就放出來；氣息收進去，字的聲音也就收進去。一個、一個、一個的字，念得清清楚楚，好像穿一串珠子一樣，前後連接，絲毫沒有間斷。

第二種，叫做**瑜伽念**。（瑜伽，是梵語，翻譯成中文是相應兩個字，瑜伽念，是口裏念和心裏想，兩邊相應的念法。）這種念法，是想自己的心裏有一個光明的月輪，順著咒的一個字、一個字，從前面向右邊繞這月輪轉，接連不斷地念。

第三種，叫做**金剛念**。這種念法是不出聲的，只在自己口裏默念。

第四種，叫做**微聲念**。這種念法是只有輕輕的一些聲音，只要自己的耳根能夠把這咒的字句，一個、一個都聽得清楚。

第五種，叫做**高聲念**。這種念法，是要使旁人聽見，消滅他的惡念，發生他的善念。

這五種念法，各有各的好處，可以隨修行人自己喜好，照任何一種念法去念。總之，念咒第一要發大菩提心，不起種種的惡念、雜念，一心一意地念誦，自然能有感應靈驗。況且，這篇楞嚴咒，是無為心佛說的，念咒的功德自然更加大，只要念得誠心，一定有不可思議的大利益。就是下面各種的咒，一定也要念得至誠，也各有各的好處。這一篇楞嚴咒分做五會，原來每會各有各的名稱，照蕅益大師的楞嚴經文句上，每一會咒念完了，念一聲弟子某某人受持。現在不用這樣通報名字，雖然分出五會來，仍舊只要一起念就是了。

大悲神咒

這篇咒是觀世音菩薩說的，出在藏經裏面的千手千眼觀世音菩薩廣大圓滿無礙大悲心陀羅尼經上，（這是一部佛經的名稱。藏經是凡是關於佛法的書都在裏面。不僅是稱做經藏的佛經、稱做律藏的戒律、稱做論藏的講論佛法的書。凡事不能夠歸到經藏、律藏、論藏三藏裏面的佛學書，也都收在藏經裏面。因為是國家所寶藏的佛學書，所以叫做藏。因為敬佛學的意思，所以一概都稱做經。）咒的名稱就叫**廣大圓滿無礙大悲心陀羅尼**。**廣大**兩個字是顯大悲心的體，心的體包含一切法界，所以說是廣大，那是法身德。**圓滿**兩個字是顯大悲心的相，心的相遍照一切法界，所以說是圓滿，那是般若德。**無礙**兩個字是顯大悲心的用，心的妙用通達一切法界，所以說是無礙，那是解脫德。**陀羅尼**三個字是梵語，翻譯成中文是總持兩個字，總字是包括所有一切的意思，持字是保守住不失脫的意思，這兩個字合併起來，就是保護一切眾生的意思。現在說大悲神咒，那是簡單的說法。

照經裏面說，無量億劫之前，觀世音菩薩在千光王靜住如來那邊受著這一篇咒。那個時候，觀世音菩薩還只是初地菩薩，一聽了這咒，頓時就進到第八地。觀世音菩薩就在佛前發誓說，我若將來能夠利益一切眾生，使他們都安樂。那麼，叫我這個身上生出一千隻手，一千隻眼睛來。發了這個誓，果然就生出千手千眼，這是這篇咒的來根。

經上說，念這大悲神咒，能夠一天念滿七遍，可以消去百千萬億劫的生死重罪。念咒的人將來臨終的時候，十方諸佛都來迎接他，要想生在哪個佛世界裏，隨他的願心，都能夠往生。就是現在一世裏，無論要求什麼，總沒有不成功的。所有一切的罪業，極重、極重的，本來應該要墜落到阿鼻地獄裏去的，念了這大悲神咒，也就可以消滅得清清淨淨了。這咒的威神力，實在是不可思議。

觀世音菩薩說這篇咒，是在普陀落迦山，（普陀落迦，是梵語，這山其實是在南天竺南海裏，不過，我們中國浙江省寧波府定海縣的山，也是觀世音菩薩現身說法的地方。清朝康熙皇帝做的普陀碑記裏，有三個普陀，都是觀世音菩薩現身說法的道場。講到善財童子到各處去參善知識，總共參了五十三處，就叫做五十三參，第二十八參就是參觀世音菩薩。其實在是在南天竺南海裏的普陀落迦山，並不是定海縣的普陀落迦山。但是，要使人容易生相信心。善財童子參觀世音菩薩，就算是定海縣的普陀落迦山，也沒有什麼不可以說。善財童子五十三參，參各世界的大菩薩，在華嚴經入法界品裏面說得很詳細。參字，是參見、參拜的意思。）這一座山，是觀世音菩薩的道場。當時釋迦牟尼佛在觀世音菩薩宮殿裏，還有無數的菩薩、聲聞、天龍、鬼神等，也都在那裏。觀世音菩薩在佛前說了這篇咒，無量無邊的人都得著證到果位，還有頓時證到十地菩薩果位的哩！這樣的威神功德力還得了？

念咒的人，應該要感激菩薩的恩德，懇懇切切的念。

南無喝囉怛那。哆囉夜耶。南無阿唎耶。婆盧羯帝。爍鉢囉耶。菩提薩埵婆耶。摩訶薩埵婆耶。摩訶迦盧尼迦耶。唵。薩皤囉罰曳。數怛那怛寫。南無悉吉慄埵。伊蒙阿唎耶。婆盧吉帝。室佛囉楞馱婆。南無那囉謹墀。醯唎摩訶皤哆沙咩。薩婆阿他豆輸朋。阿逝孕。薩婆薩哆。那摩婆薩多。那摩婆伽。摩罰特豆。怛姪他。唵。阿婆盧醯。盧迦帝。迦羅帝。夷醯唎。摩訶菩提薩埵。薩婆薩婆。摩囉摩囉。摩醯摩醯。唎馱孕。俱盧俱盧羯蒙。度盧度

盧。罰闍耶帝。摩訶罰闍耶帝。陀囉陀囉。地唎
尼。室佛囉耶。遮囉遮囉。麼麼罰摩囉穆帝隸。
伊醯伊醯。室那室那。阿囉嘇。佛囉舍利。罰娑罰
嘇。佛囉舍耶。呼盧呼盧摩囉。呼盧呼盧醯利。娑
囉娑囉。悉唎悉唎。蘇嚧蘇嚧。菩提夜。菩提夜。
菩駄夜。菩駄夜。彌帝利夜。那囉謹墀。地利瑟尼
那。娑夜摩那。娑婆訶。悉陀夜。娑婆訶。摩訶悉
陀夜。娑婆訶。悉陀喻藝。室皤囉耶。娑婆訶。那
囉謹墀。娑婆訶。摩囉那囉。娑婆訶。悉囉僧阿穆

佉耶。娑婆訶。娑婆摩訶阿悉陀夜。娑婆訶。者吉囉阿悉陀夜。娑婆訶。波陀摩羯悉陀夜。娑婆訶。那囉謹墀。皤伽囉耶。娑婆訶。摩婆利勝羯囉夜。娑婆訶。南無喝囉怛那。哆囉夜耶。南無阿利耶。婆嚧吉帝。爍皤囉耶。娑婆訶。唵。悉殿都。漫多囉。跋陀耶。娑婆訶。

一切的咒，本來都無法曉得它的意思，只有這篇大悲咒的意思能夠曉得。因為當時觀世音菩薩說了這咒，大梵天王請菩薩說明這咒的形狀相貌，菩薩說就是——**大慈悲心**、**平等心**、**無爲心**、（無為，就是順心性自然的道理，不造各種業的意思。）**不染著心**、（不染著，是對一切的境界不起分別執著心的意思。）**空觀心**、（空觀，是看到一切的法都是虛妄不實在的。）**恭敬心**、（恭敬，不只是對一切的佛菩薩，就是對一切苦惱的眾生，也應該恭敬，因為都是未來的諸佛。未來諸佛，是說眾生本來都有佛性，將來終有一天要成佛，所以，眾生都叫做未來佛。）**卑下心**、（卑下，就是對所有人謙虛的意思。）**無雜亂心**、（無雜亂，就是定和慧兩種都是均平一樣的，不起妄想的意思。）**無見取心**、（無見取，不只是不起外道的邪見，就是對佛法，也不存有所得到的心。所說的佛法，本來沒有什麼可以得到，不過是能夠明白本來有的真實平等的道理罷了。這種意思，在佛法大意裏面已經詳細講過。）**無上菩提心**。（就是願成佛道）那麼，這大悲咒的意思，不是就可以曉得了嗎？念咒的人能夠也存這樣的十種心，那麼，就和這篇咒的意思相應，自然一定有不可思議的效驗了。照經上面的說法，若是念咒念得不誠心，或是起了不善的心，或是有了一些疑惑的心，那就難見效驗，這也不可以不曉得。

還有一層，大悲神咒能夠治各種病。怎樣的病，怎樣的用咒去治，大悲心陀羅尼經上（大悲心陀羅尼經，就是千手千眼觀世音菩薩廣大圓滿無礙大悲心陀羅尼經的簡短名稱。）都說得很明白。現在往往有人生了病，拿一杯清水，點三支香，拜觀世音菩薩，就對水發極誠懇的心念大悲咒，最少七遍，越多越好。這個水就叫大悲水，喝了下去，病就會好。菩薩這樣地哀憐眾生，怎麼能夠不報答菩薩的恩呢？

念這個咒，第一遍的時候，從頭一句起，一直到摩罰特豆。怛姪他。都要合掌念。

如意寶輪王陀羅尼

（十小咒之一）

這篇咒也是觀世音菩薩說的，在如意輪陀羅尼經上有的。（如意輪陀羅尼經是一部佛經的名稱，經上稱觀自在菩薩就是觀世音菩薩。）**如意寶**是一種寶珠的名稱，梵語叫做摩尼，這種寶珠能夠生出種種東西來，要什麼就生出什麼來，稱大家心裏的意思，所以叫做如意寶珠，是一切寶貝裏最寶貴的一種珠，這是借來表顯心性的靈妙能夠生出一切法來的意思。**輪**字是譬喻車輪能夠轉動，佛說法度眾生，所以叫做轉法輪的意思。就是把佛的智慧、佛心裏的種種妙法，都轉到眾生的心裏去，能夠使眾生都可以明白佛法的道理，把煩惱轉變成菩提。一個、一個人，你轉到我，我轉到他，一直轉下去，永遠不斷，所以說是轉法輪。**王**字是表示這個咒的尊貴，就是說的心王。**陀羅尼**就是說咒的作用。

從這如意寶輪王陀羅尼起，一直到下面善女天咒，大家都叫做十小咒。因為這些咒都很短，所以叫做小咒，效驗並沒有大小的分別，千萬不可以弄錯。這十種咒，都很靈驗，很有功效，和楞嚴咒、大悲咒差不多，所以也有人稱做十大小咒。

● 南無佛陀耶。南無達摩耶。南無僧伽耶。南無觀自在菩薩摩訶薩。具大悲心者。怛姪他。唵。斫羯囉伐底。震多末尼摩訶。鉢蹬謎。嚕嚕嚕嚕。底瑟吒。篅囉阿羯利。沙夜吽。癹莎訶。唵。鉢蹋摩。震多末尼。篅攞唵。唵。跋喇陀。鉢亶謎吽。

這篇咒的原名叫做**大蓮華峯金剛祕密如意輪咒**，這個名字，恰正合著心性的三種德。蓮華這一種東西，雖然生在泥水裏，卻是沾不著一些些泥的污穢。比喻那眾生的心性，雖然起了種種的惡濁煩惱，清淨的體性卻沒有絲毫變動。蓮華生的時候，面已經結好了一個蓮蓬，等到蓮華一瓣、一瓣的落完，那個蓮蓬就完全地顯出來了。華瓣是譬喻妄想心，蓮蓬是譬喻法身，法身就在那妄想心裏面，因為被那妄想心遮住了，所以法身不能夠顯現，只要沒有了妄想，那法身自然就顯現出來。譬如蓮華的華瓣落完，蓮蓬就現出來了，所以用蓮華來表顯心性的道理，最是貼切。大字是說心性沒有限量的意思。峯字是山峯，是取心性不動的意思，這是表顯的法身德。般若的性，最是堅固的，所以拿金剛來比。不著一切的相，所以說是祕密，這是表顯的般若德。如意輪三個字是圓轉如意，沒有阻礙的意思，這是表顯的解脫德。

經裏面說，念這咒的人自然能夠得著種種大利益，像是一棵如意樹上生出如意寶珠來，一切眾生有什麼請求，都能夠滿足他的心願，可見得這咒的威神功德不可思議。經上還說，一心念這咒的人，到臨終的時候，能夠看見阿彌陀佛和觀世音菩薩，往生到極樂世界去。

消災吉祥神咒

（十小咒之二）

這篇咒是佛在淨居天上說的，（淨居天有五天，稱做五淨居天，就是無煩天、無熱天、善見天、善現天、色究竟天。）出在消災吉祥經上。（消災吉祥經，是一部佛經的名稱。）照經裏面說，這咒是從前娑羅王如來說的，咒的名字叫**熾盛光大威德陀羅尼**，現在就用經的名字，不用原來的咒名了。照原來的咒名解釋起來，也是顯心性的道理。大乘起信論上講真如心的體相，說是本來滿足一切功德，有大智慧光明的道理、遍照法界的道理、清涼不變自在的道理，常樂我淨的道理，就這幾種道理說起來，大智慧光明不就是說光嗎？遍照法界不就是說光的熾盛嗎？（熾盛，是說那種光明亮得不得了。）清涼不變自在，（惑、業、苦三種，本來都是虛妄不實在的，心性裏本來沒有這種事情，沒有煩惑的熱惱，所以說是清涼。沒有業相的改變，所以說是不變。沒有苦報的縛著，所以說是自在。）沒有大威力，怎麼能夠自在呢？不就是說的大威嗎？常樂我淨是佛的四種真實功德，（永遠不生不滅，叫常。不受一切的苦，叫樂。得大自在，叫我。斷盡一切煩惱心，叫淨。）不就是說大德嗎？

本來眾生的心性叫做如來藏，又叫做如來法身，所以說眾生的煩惱心裏有如來結跏趺坐，這就是說眾生的心性就是如來法身。既然眾生心裏天然各有一尊心佛，靠這心佛的光明威德，有什麼災難消不去？有什麼大吉祥求不來呢？

曩謨三滿哆。母馱喃。阿鉢囉底。賀多舍。娑曩喃怛姪他。唵。佉佉呬佉呬。吽吽。入嚩囉入嚩囉。鉢囉入嚩囉。鉢囉入嚩囉。底瑟姹。底瑟姹。瑟致哩。瑟致哩。娑癹吒。娑癹吒。扇底迦。室哩曳。娑嚩訶。

照經上面說，若是國土裏有惡星宿現出來，恐怕要有各種的災難。只要設立了道場，依照儀式，定一個時期，念這咒一百零八遍，就可以把災難消滅。本來種種災難都是自己的惡業感召來的，惡業是從煩惱心裏面造出來的。曉得病的根本，只要把這一種煩惱心的病根除去，那所有一切的災難完全都可以消滅，災難既然消去，吉祥就自然來了。這總是要自己從起心動念上時時刻刻地留意，才算是真實地念這消災吉祥神咒哩！

功德寶山神咒

（十小咒之三）

這篇咒出在哪裏沒有查著，大藏經裏面有一部叫做圓因往生集，（是一部講往生的書名。）這部經書裏有一種咒，叫做**功德山陀羅尼**，和這篇咒的名稱相像，大約就是這咒，雖然翻譯的字音有些不同，或是不同人翻譯的緣故，但是咒的字句是一樣的，就像那往生咒，寶王三昧念佛直指裏面所引的，（寶王三昧念佛直指，是一本講佛法的書名。）和我們現在大家念的，就有許多的不同，其實只是一種。

功德兩個字，照六組惠能大師說：功德是在法身裏的，不是在修福上面的。見自己的本性，叫做功。存一切平等的心叫做德。念念沒有住著，（住著，是著牢在這上面的意思。）常常見到自己本性的真實妙用叫做功德。裏面的存心，對旁人總是謙虛恭敬是功，外面所做的事情都合著道理是德。自己的本性能夠立出一切法來是功，心體究竟不動是德。念念不離自己的本性是功，應一切的用處，不起分別是德。若是要想得到功德法身，只要依照這樣的道理去做，是真功德。這是六祖講修功德的方法。

華嚴經上說：若得無量功德身，其身顯耀如金山。這兩句偈的意思是說，若是能夠得到無量功德莊嚴的法身，報身的相貌，自然也就光明照耀，好比是一座金山。金山不就是**寶山**嗎？這篇咒叫做功德寶山，可見得也是顯心性的道理。

● 南無佛馱耶。南無達摩耶。南無僧伽耶。唵。悉帝護嚕嚕。悉都嚕。只利波。吉利婆。悉達哩。布嚕哩。娑嚩訶。

圓因往生集裏面說，若有人念這咒一遍，像是禮拜了大佛名經四萬五千四百遍，（大佛名經，是一部佛經的名稱。）又像是讀了大藏經六十萬五千四百遍，就算所造的罪業超過十個世界微塵數的數目，（這是說，拿十個世界來研做微細的灰塵那麼多。超過，就是勝過。）本來應該要墮落到阿鼻地獄裏去的，因為誠心念了這咒，臨終就決定往生西方，能夠看見阿彌陀佛，得到上品上生。這咒有這樣的大利益，所以叫做功德寶山神咒。華嚴經上說：譬如大寶山，饒益諸羣生。（饒益，就是利益。羣生，就是眾生。）如來功德山，饒益亦如是。這咒的名字，就是取這個意思。

佛母準提神咒

（十小咒之四）

這咒出在**準提陀羅尼經**上，（準提陀羅尼經，是一部佛經的名稱。）經面講到念這咒的方法，要仔細地用心，把咒裏的字，按著自己身上的各處部位，一個一個的觀想清楚，顯出光相來。那是密宗的念咒法子，不學密宗的人，可以不必學。

準提是一尊菩薩的名號，準提兩個字是梵語，翻譯成中文，是**施爲**兩個字，**施**是布施，就是拿東西給人的意思。布施有三種：一種是**財施**，是用錢財寶物來布施的。（財，有內財、外財的分別。所有金銀、財寶、衣服、飲食、田地、房屋、妻妾、兒女、奴婢、牲畜，凡是依報的東西，都叫做外財。身體上一切的東西都是正報，像頭目、皮骨、牙髮、唇舌、手足、腦髓，佛菩薩也都願意拿來布施的，這都叫做內財。）一種是**法施**，是用佛法來布施的。（這是宣講佛法去勸化人，使人人都能夠了脫生死，免得在輪迴裏轉。或是拜佛誦經，替眾生回向，像夜課裏面的蒙山施食儀，也是法施的一種，這都叫做法施。）一種是**無畏施**，（畏字是懼怕的意思，無畏施是用種種方法，免掉旁人有懼怕的心或是有憂慮的心。若是碰到有人要做善事，力量不夠，做不成功，就拿財物來幫助他，或是拿心思的力量、身體的力量來幫助他。碰到有人遇到了災難，想法子去解救他。碰到有人受到冤枉、被人欺壓，用好話去調解，或是用勢力去判斷，這都叫做無畏施。）用威勢權力，或是用和氣熱心來做布施功德。**爲**是行為，就是做事情的意思。菩薩所做的，總是功德，功德有兩種：一種是有為功德，就是世間法的功德。一種是無為功德，就是出世間法的功德。現在講這施為兩個字，不是說財施，只說那法施和無畏施。不說有為功德，只說那無為功德。

這準提咒稱做佛母，是顯菩薩的智慧不可思議。照六度說，（第一是布施，梵語叫做檀那波羅蜜，上面已經詳細講過。第二世持戒，梵語叫做尸羅波羅蜜，就是守佛的戒律，不做不合佛法的種種事情。第三是忍辱，梵語叫做羼提波羅蜜，就是忍耐一切苦痛，肯受旁人的欺壓。第四是精進，梵語叫做毗梨耶波羅蜜，就是發狠地修佛法，發狠地做各種善事。第五是禪定，梵語叫做禪那波羅蜜，就是把這個心安住在佛法上，不放它散亂、起旁的妄念。第六是智慧，梵語叫做般若波羅蜜，就是能夠分別邪正，破除種種的迷惑。）度是度脫、度過來的意思，布施可以度慳貪，（慳，是氣量小，捨不得把自己的東西給旁人。貪，是要旁人的東西。）持戒可以度毀犯，（毀，是破壞的意思。犯，是犯種種的過失罪孽。）忍辱可以度瞋恚，（瞋，是發出火來。恚，是恨在心裏。）精進可以度懈怠，（懈怠，就是懶惰。）禪定可以度散亂，智慧可以度愚癡，所以叫做六度。智度就是般若波羅蜜，若是照十度說，第十種就是智度，也叫做智波羅蜜。（十度，是六度外加出方便度、願度、力度、智度四種。願度、力度是從禪波羅蜜裏開出來的。方便度、智度是從般若波羅蜜裏開出來的。在唯識論裏，方便度叫方便善巧波羅蜜，是用方便法、善巧話來勸人修行的意思。善巧就是說得好聽、巧妙，使人聽了容易動心聽從的意思。願度叫做願波羅蜜，意思是願求菩提道，和願使他人得利益、得安樂的意思。力度叫力波羅蜜，是修習佛法的力量，和揀擇的力量。智度叫智波羅蜜，是有受用法樂的智，和使他人功德成熟的智。開就是化出來、加出來的意思，在佛法裏都叫做開。唯識論，是一部專門講識的書名。）真實智慧有能夠顯出法身來的力量，有能夠成菩薩的功能，像母親能夠生出兒子的身體，所以說是母。維摩詰經上說：智慧菩薩母。就是這個意思。菩提資糧論上說：（菩提資糧論，是一部講佛法的書名。）既為菩薩母，亦為諸**佛母**；般若波羅蜜，是覺初資糧。（覺初兩個字，是初開頭起智慧的心來覺照一切，這個覺照的心，就是菩薩的母，也是諸佛的母。意思就是成菩薩、成佛都是從用智慧心來覺照一切上修成的，所以稱做母。這個覺照的心，是智慧修到圓滿成功的時候，就叫波羅蜜，也就是到了究竟的地位了。覺照，是用覺悟的心來觀照一切。）意思是說般若波羅蜜不僅是菩薩的母，也是諸佛的母。因為一定要有智慧觀照的因緣，方才能夠顯出本覺性來，（本覺，就是眾生本來有的真性。因為本來有的真 是非常覺悟的，沒有一點迷惑的，所以稱做本覺。）所以般若稱做佛母。

楞嚴經上文殊菩薩稱讚觀世音菩薩的耳根圓通法門，說是佛母真三昧，就是讚菩薩的不可思議金剛智慧。華嚴經上說：文殊菩薩常為無量億那由他諸佛之母，就因為文殊菩薩有大智慧的緣故。這咒稱做佛母準提神咒，可見得咒的靈驗了。

的，所以叫做頭面接足禮，那是一種最尊敬的拜法。若是不把兩手翻轉向上，只叫做五體投地，（五體，是兩臂、兩膝和頭，合成五數。）不能說是頭面頂禮。梵語**俱胝**兩個字，就是中文的百億。頂禮七俱胝是說頂禮七 億尊的佛，這句是皈依的佛寶。第三句是皈依的僧寶，菩薩稱聖僧，準提雖然是佛母，終究還是菩薩，所以**稱贊準提**，就是表明皈依僧寶。最後一句是總向三寶請願，求所皈依的佛寶、法寶、僧寶一齊都慈悲我，用大威神力來加被我、保護我的意思。三寶在上面，自己在下面，所以用一個**垂**字，（垂，是掛下來的意思。）是說上面的光照下來的意思。這偈裏的稽首和頭面頂禮，是清淨的身業。稱贊，是清淨的口業。皈依和發願，是清淨的意業，這叫做三業供養，用這樣的清淨心來念咒，自然一定能有大效驗。

南無颯哆喃。三藐三菩陀。俱胝喃。怛姪他。
唵。折戾主戾。準提娑婆訶。

這咒是過去的七百億尊佛都說過的，釋迦牟尼佛在祇園會上，（祇園，就是阿彌陀經裏面所說的祇樹給孤獨園。祇園會上，就是在祇園裏的法會上。祇樹給孤獨園，在阿彌陀經白話解釋裏面詳細講過。）哀憐末法時候的眾生（從釋迦牟尼佛成佛的時候算起，叫做正法的時代，總共是一千年。過了這一千年，叫像法的時代，總共也是一千年。又過了這一千年，叫末法的時代，總共是一萬年。現在是在末法的時代，已經過了九百七十多年了。）惡業重、福德薄，容易墮落到惡道裏去，所以也說這個咒。

照經上面說，念這咒滿九十萬遍，能夠消滅五逆十惡等重罪。（五逆，是弒父、弒母、弒阿羅漢、破和合僧、出佛身血。弒就是殺，小輩殺長輩，下人殺上人，叫弒。和合僧就是比丘，因為比丘都是和合在一塊兒的。想法子去拆散他們，使他們不能夠和合在一塊兒修行，叫破。佛不出世的時代，若是把佛像弄壞了，這個罪業，就和出佛身上血一樣重。十惡就是十惡業，在佛法大意面詳細講過的。）

念這咒的人，只要誠心念，就能夠增加福壽，消去一切的災難病痛。念滿四十九日，菩薩就派兩個神來常常跟著他，暗地裏保護他。那個念咒的人，是求增長智慧，或是求免脫災難，或是求得著神通，或是求修成佛道，都能夠叫他滿願的。

念滿了一百萬遍，就能夠到十方淨土去，供養一切的佛，聽受無上的妙法，證得佛果——這是佛金口說的。

聖無量壽決定光明王陀羅尼

（十小咒之五）

這咒的名稱出在大乘聖無量壽決定光明王如來陀羅尼經上，（這是一部佛經的名稱。）但是，藏經本子上和這咒的字句有些不同，大約也是有兩種翻譯本子。照這個名字的意思，是借咒的威神力顯出自己本性裏的彌陀來。本來一切眾生的心性和十方三世一切佛，絲毫沒有兩樣。所以說，**心**、**佛**、及**眾生**是**三無差別**。（三字就是指心、佛和眾生。無差別，就是說沒有相差分別的。）佛從古代到現在，常住不變，不是無量壽嗎？佛具足智慧，遍照法界，不是決定光明嗎？眾生的心性既然本來就是佛，也自然是無量壽、決定光明的了。

雖然一切眾生本來都是佛，並不是修了才成佛，但是不藉修的因緣，這尊**自心佛**（自心佛，就是自己心裏的佛。因為自己的本性原是和佛一樣，所以就叫做自己心裏的佛。）到底是顯不出來的。這咒有能夠顯出自心佛來的力量，所以取這個名字。開頭的一個**聖**字，最後的一個**王**字，都是表顯這咒的威神力。

唵。捺摩巴葛瓦帝。阿巴囉密沓。阿優哩阿納。蘇必你實執沓。喋左囉宰也。怛塔哿達也。阿囉訶帝。三藥三不達也。怛你也塔。唵。薩哩巴。桑斯葛哩。叭哩述沓。達囉馬帝。哿哿捺桑馬兀哿帝。莎巴瓦。比述帝。馬喝捺也。叭哩瓦哩莎喝。

經裏面說，佛因為哀憐未來世的一切短命眾生，要使他們增加壽命，得到大利益，所以說出這一篇咒來。

佛向大智慧妙吉祥菩薩說：（大智慧妙吉祥菩薩，就是大智文殊師利菩薩。）閻浮提的人，本來應該壽命一百歲，因為他們多造了惡業，所以壽命就短促了。若是能夠看見這種咒，或是寫，或是供，或是誠心地念，仍舊可以增加壽命，滿足一百歲，並且將來能夠早點成佛。

說到將來早成佛，可見得這咒實在是有能夠顯出自性彌陀的力量。

藥師灌頂真言

（十小咒之六）

這篇咒出在藥師琉璃光如來本願功德經上，（這是一部佛經的名稱，簡單說，就叫藥師經。）藥師琉璃光佛當初修菩薩道的時候，（修菩薩道，就是在沒有成佛以前，修行的時候所修種種救度眾生的功行。因為菩薩是發大願心專門救度眾生，所以修救度眾生的功行叫做修菩薩道。）發十二個大願心，（十二個大願心在藥師經裏有。）這願心裏，多半是救眾生病苦的事情，所以，成佛的名號，就稱做**藥師**。十二大願裏的第二願說，將來成了佛，身體要像琉璃一樣的光明，所以稱做琉璃光，是現在東方淨琉璃世界的佛，國土清淨和極樂世界相像，大家現在念的消災延壽藥師佛，就是藥師琉璃光如來。

灌頂兩個字，本來是輪王把王位傳給太子的時候，（輪王，是威力能夠經管四大部洲的大國王的名稱。單管南贍部洲的，叫做鐵輪王。連東勝神洲也管的，叫做銅輪王。再管到西牛賀洲的，叫做銀輪王。統管一個四天下的，叫做金輪王，就是連北俱盧洲也管到的。）先要把金瓶裝了香水灌在太子的頭頂上，叫做灌頂受職，（受職，就是受了做國王的職位。）才可以做國王。菩薩修到了十地，功行滿足，十方諸佛，各個放眉間的白毫相光，這光叫做益一切智，（益字，是增加的意思。）都放到這十地菩薩的頭頂心裏面去，叫做菩薩受佛職，那就可以叫做灌頂法王了。現在因為這咒是從藥師佛頂光裏面說的，所以用這灌頂兩個字，意思也是取增加念咒的人一切智慧的，若是能夠誠心念這咒，佛光自然也會灌到這個人的頂門裏面來。

真言就是咒，意思是：用真實智慧說的真實話，所以叫做真言。

● 南謨薄伽伐帝。鞞殺社。窶嚕薜琉璃。鉢喇婆。喝囉闍也。怛他揭多也。阿囉喝帝。三藐三勃陀耶。怛姪他。唵。鞞殺逝。鞞殺逝。鞞殺社。三沒揭帝莎訶。

經裏面說，藥師如來入了三昧，這三昧的名字叫做除滅一切眾生苦惱。（三昧有種種不同的名稱，像般若三昧、念佛三昧等，在佛法大意裏面都講過。藥師佛入的三昧就叫除一切眾生苦惱三昧。）藥師如來入定後，從肉髻裏放出大光明來，光裏就說這一篇咒，咒說完了，佛再放光，所有一切眾生種種的苦處，就一時都消滅完了。

若是有人患各種病，只要用一杯潔淨水，一心對這杯水念這個咒一百零八遍，再把這水喝下去，各種病都能夠好。

常念這咒，不但能不生病，還可以延長壽命，臨終往生到淨琉璃世界去。

觀音靈感真言

（十小咒之七）

這咒的來源沒能查出。觀世音菩薩大悲心最切，無論有怎樣多的眾生受著苦處，只要大家都念觀世音菩薩名號，觀世音菩薩能立刻使他們都脫離苦難，所以稱做**大慈大悲救苦救難廣大靈感觀世音菩薩**，（**靈感**，就是有靈驗、有感應的意思。）又稱做**普門大士**，（普字是周遍的意思，就是普遍法界，隨眾生的機，說種種法門，使得眾生明白佛法，修成佛道。因為菩薩這樣普度眾生，所以稱普門大士。）因為菩薩能夠現各界的身相，普度一切眾生。我家從前請的教書老夫子顧顯微居士，講了一件很神奇的事情。

顧居士是蘇州人，他的外伯祖沈濟之先生是蘇州有名的大善士，這位沈老先生是讀孔夫子書的人，也很相信佛法，他一生最相信的就是觀世音菩薩，每天總要念菩薩的名號幾千聲，還禮念觀世音菩薩普門品、大悲咒、白衣咒。清咸豐時，蘇州城裏發生大戰事，沈老先生在城裏來不及逃出來，有幾個士兵到他家裏，把他捉住，拔出刀來就要殺他。那個時候，他的心裏沒有別的念頭，只是一心的默念觀世音菩薩，哪裏曉得刀到他頭頸上，像是砍在石頭上一樣，把刀倒反彈回轉來了。那士兵喝了一聲妖，把他拖到天井裏去，再是一刀，哪裏曉得還是這個樣子。那個士兵不相信，再拖他到街上去殺，仍舊沒有殺死，那個士兵也覺得很奇怪，就放他逃走了。他逃到了鄉下，他的家眷原先已避難在鄉下，他尋到了家眷，就一同住下，等到克復了蘇州城，才安安穩穩地回去，又活了二十多年才過世。

他受著了三刀，頭頸上面只起了三條白線，絲毫沒有覺得痛苦，直到他臨終的時候，那三條白線仍舊是清清楚楚的，這不是觀世音菩薩的靈感嗎？

唵。嘛呢叭彌吽。麻曷倪牙納。積都特巴達。積特些納。微達哩葛。薩而斡而塔。卜哩悉塔葛。納補囉納。納卜哩。丟忒班納。㖠麻嚧吉。說囉耶莎訶。

開頭的六個字叫做**六字大明王**，是觀世音菩薩的心咒，一切如來尚且都不曉得觀世音菩薩這六字咒的境界，所以，更加見得這咒的靈妙了。現在放這六個字在頭上，自然有特別的靈感，所以稱做觀音靈感真言。

七佛滅罪真言

（十小咒之八）

這個咒出在大方等陀羅尼經上，（大方等陀羅尼經，是一部佛經的名稱。）文殊菩薩因為可憐末法時候的比丘、比丘尼，犯了四重五逆的罪，（四重，就是殺生、偷盜、邪淫、妄語，這四種叫做根本重罪，又叫做性罪。因為是傷害本性的，無論在家出家的人，都應該要守這種戒，若是犯了一定要墮落到三惡道去。）沒有懺悔的方法，所以請佛開示，佛就說這一個咒。

這咒並不是釋迦牟尼佛開頭說的，過去的七佛都曾說過，所以稱做**七佛滅罪真言**。**七佛**是：**毗婆尸佛**、**尸棄佛**、**毗舍浮佛**、（這三尊佛是過去的莊嚴劫一千尊佛裏最後的三尊佛。）**拘留孫佛**、**拘那含牟尼佛**、**迦葉佛**和**釋迦牟尼佛**。（這四尊佛是現在賢劫的一千尊佛裏最前面的四尊佛。）

為什麼佛經裏總是說七佛呢？這有兩層道理：一層是佛法常用七數的，就像念咒的數目，一個七遍，或是兩個七遍，或是三個、四個七遍，最多是七個七遍，七七四十九遍後，再要加多，那是要一百零八遍了，這是佛法的普通記數法。一層是因為釋迦牟尼佛從前修菩薩道，在毗婆尸佛出世的時候，恰巧是三阿僧祇劫修滿，開頭種那相好。（相好，就是佛的三十二相，八十隨形好。

一切菩薩修滿了三大阿僧祇劫，就要修各種的相好了。修了一百種福，就成一種相好，這是要在佛前修，要種得相好滿足，才可以成佛。）所以，從毗婆尸佛算起，連釋迦牟尼佛一起算在裏面，恰好正是七尊佛，合著佛法的數目，所以說是七佛。念這咒能夠消滅四重五逆的重罪，增長無量的福德。

● 離婆離婆帝。求訶求訶帝。陀羅尼帝。尼訶囉帝。毗黎你帝。摩訶伽帝。真陵乾帝。莎婆訶。

一個人造了四重五逆的重罪，不僅是後世一定要受極大的苦報，就是今世也能夠使他種種不如意，這叫做罪障。不把罪障消滅，那是很可怕的。滅罪的方法，只有自己誠心修懺悔法，修懺悔的法有三種：

一種叫做作法懺，是要請大德的律師，揀相宜的地方，立了戒壇，（戒壇，是修戒法的壇場。壇場，就是道場。）依照規矩作法，自己把所造的罪業直說明白，一絲一毫不可以隱瞞，這個時候，眼睛看定戒壇，耳朵聽準**羯磨**，（羯磨，是梵語，翻譯成中文就是作法兩個字，也有譯做辦事的，意思就是辦授戒、懺悔等許多事業的師父。）沒有旁的心念，自然就有一種**無作戒體**（無作戒體，是說用不著什麼作為，心體上自然有清淨戒的德相。）從心裏表顯出來，以後就永遠守定戒，不再去犯，那從前所造的罪都可以消滅了。

一種叫做**取相懺**，若是在一千里路裏沒有大德的律師，就要自己在佛菩薩像前發露所造的罪過，日夜各六個時辰，常常讀梵網經菩薩心地戒品，（菩薩心地戒品，是梵網經裏面的一種。）禮拜懺悔，用心觀想，不論三年、五年，心定要看見了光、看見了華，或是看見了種種祥瑞的相，方才算是罪業消滅。

一種叫做**觀無生懺**，先要曉得造罪的原因是從一念心上起的，觀察這一念的心，不在裏面的六根裏，也不在外面的六塵裏，也不在中間的六識裏，到底沒有起的地方，分明就是無生法了。這樣的觀想，罪也自然會消滅。

前頭兩種懺法叫做事懺，是重在事相一邊的。後面的一種叫做理懺，是推究理性一邊的。事懺雖然也能夠消滅四重的罪，但卻不能夠消滅五逆罪，五逆重罪只有理懺能夠消滅。並且，一定要實在明白真理，方才能夠修這種懺法，那是很不容易的。

現在幸好七佛慈悲，說出了這種咒來，誠心念這咒，哪怕前世今世所造的四重五逆的罪，都可以完全消滅了。佛的恩德，應該怎樣地報答呢？但是千萬不可以靠著有了這種滅罪的咒，就放心地去造惡業，若是有了這種心，那是叫做欺心欺佛。不要說罪業不能夠消滅，一定還要加重地受苦報哩！

要曉得，佛法和世間法道理總是一樣的，譬如有人犯了世間法的罪，捉到官府裏去，官哀憐他苦惱，饒了他的罪，放他出去，那要就此安分守己，才可以不追究他。倘若放出去後，仍舊不曉得改過，心想犯了罪官會放掉不辦，就放大膽犯罪，那就一定要連從前所犯的罪一起加重辦。佛心雖然是一味的慈悲，但那些護法的鬼神怎麼肯饒他欺佛的罪呢？

所以修行的人只能夠靠這咒的威神力，消滅從前的罪業，以後還是要自己刻刻留心，不再造出罪業來，那是最要緊的。

往生淨土神咒

（十小咒之九）

這咒出在**拔一切業障根本得生淨土陀羅尼經**上，（這是一部佛經的名稱。）這個經名，就是咒的原名字，現在稱做往生淨土神咒，是簡單說法，再說得簡便些，就叫**往生咒**。

一切眾生所以生死不斷的緣故，都是從造業上來的，業力能夠障礙自己本性裏的解脫德，（解脫德有了障礙，就不解脫了，不能夠自由自在了。）所以叫做**業障**，有了各種業的因緣，自然要受各種業的果報。不曉得果報是業力變現出來的、完全是虛妄的，執著當做是實在，那就把自己本性裏的法身德障礙住了，所以叫做**報障**。推究起根本來，報障是從業障生出來的，所以，業障就是報障的根本。業障是從一念煩惱心上起的，因為起了煩惱心，就把本性裏的般若德障住，不能夠明白真空的道理，就妄造出種種的業來，所以煩惱這一種障，實在是生生死死的根本。

這個咒的名字叫做拔一切業障根本，業障的根本，就是**煩惱障**。拔一切業障的根本，就是消滅一切的**煩惱心**。煩惱心不起了，心裏自然就清清淨淨，業障也自然沒有了。維摩經上說：隨其心淨則佛土淨，可見得淨土一定是要從淨心裏面顯出來，既然自己心裏顯出了淨土，那還有不能夠生到淨土去的道理嗎？所以說是得生淨土。淨土就在自己的心裏，生淨土，就是生在自己的心裏。本來就沒有來去相，怎麼說是往生呢？這是因為經上說，極樂世界隔開我們這個娑婆世界，中間有十萬億個佛土，本來是娑婆世界裏的人，現在生到了極樂世界裏去，照理性說，雖然是沒有去的相，但是，照事相說，卻也可以說是往生的。

天衣禪師講這往生的道理，說是生則決定生，去則實不去。意思是說，講到生呢？卻是決定是生的。講到去呢？那其實沒有去。因為娑婆世界和那極樂世界一樣都在自己心裏，有什麼叫做去呢？徹悟禪師再替他加上兩句，說是生則決定生，生而無生。去則實不去，不去而去。什麼叫做**生而無生**呢？意思是說，雖然現出往生的相來，卻還是沒有一些往生的相可以得。為什麼呢？因為往生事相的本體，就是無生法，其實法身是常住的，並沒有生滅相，所以說生而無生。什麼叫做**不去而去**呢？意思是說，雖然就生在自己的心裏，本來沒有來去相可以說的，但是，娑婆和極樂，終究是分開的兩個世界，理性上講，雖然是沒有什麼叫做去，但是，照事相上講，卻分明是從這邊到那邊去，所以說不去而去。

本來，天衣禪師所說的兩句，雖然是理性和事相兩面都顧到，但是，上句講生字，單說事相。下句講去字，單說理性。若是兩句分開了看，單看了上句，像生相是一定有的，那麼，和心性不變的道理，就覺得不合了。（因為心性是永遠不會改變的，怎麼會生呢？所以說覺得不合。）單看了下句，又像去相是一定沒有的，那麼，和心性隨緣的道理，也覺得不對。（心性雖然不變，但是可以隨各種緣轉變，那麼，到淨土去，也沒有什麼不可以說，若是說一定不去，那麼，就不叫隨緣了，所以說覺得不對。）執著生相是一定有的，叫做常見。（認做生滅是一種一定不變法，所以叫**常見**。）執著去相是一定沒有的，叫做斷見。（斷見，就是斷滅的見解。因為執著不去的人，一定把隨緣的生相也認做沒有了，所以說是**斷見**。）常見和斷見都是邪見，學佛法的人，最忌有各種邪見。但是，照執著有生的和執著不去的兩種人比較起來，雖然都不合正當的道理，還是執著有生的好些。因為執著有生，一定還能相信淨土法門，肯用功去修，還是可以得著往生的利益，只不過沒有悟到實在的道理，在品位上低一些罷了。那執著不去的，就是不相信這淨土法門，不肯發心念佛求生。所以，若是執著去則實不去的理性，還不如執著生則決定生的事相。但是，終究事和理圓通融合好，所以，徹悟禪師加這兩句，使人看了可以明白往生的真實道理，不會解釋錯，落到邪見裏去，那是很有關係的。

再要曉得一層道理，這咒叫做拔一切業障根本得生淨土，可見得業障實在是障礙往生淨土的，要先拔去業障的根本，才可以得生淨土。雖然說有阿彌陀佛的大願力，可以依靠佛的大願力，帶了業往生西方，終究還是自己少造業來得穩當些。

明朝時，有一個人叫做袁中郎，他往生西方後，託夢給他弟弟袁中道說：生西方的人，大概研究佛法和守戒律兩種都有功夫的，生的品位最高。差一點的，是守戒律清淨的人，往生也最穩當的。若是只不過研究佛法，不十分守戒律的，到了臨終的時候，往往被那業力牽到鬼神道裏去。殺生這一層，更加應該要戒，沒有殺生貪喫的人，能夠生到極樂世界去。

照他這樣的說法，可見得要求生西方，實在不能夠不懺除業障。這咒能夠拔去一切業障的根本，修淨土法門的人，應該要誠心多念。（這裏解釋的咒名，和阿彌陀經白話解釋裏面不同，是因為阿彌陀經白話解釋不過單講字面，這裏是把理性也大略講講，所以有些不同。）

南無阿彌多婆夜。哆他伽多夜。哆地夜他。阿彌利都婆毗。阿彌利哆。悉耽婆毗。阿彌利哆。毗迦蘭帝。阿彌唎哆。毗迦蘭多。伽彌膩。伽伽那。枳多迦利。娑婆訶。

不思議神力傳裏面說，（不思議神力傳，是一部講佛法的書名。）念這咒的法子，要身體上清淨，漱了口，燒了香，對佛像跪了，合了掌，日間六個時辰，夜間六個時辰，各念二十一遍，就能夠消滅五逆、十惡、謗法等重罪。

念這個咒的人，阿彌陀佛常常住在他的頭頂上，日夜的保護他，使一切的怨家都不能夠來害他，今世裏常常享安逸的福，到了臨終，自然就往生到極樂世界去。

念這咒滿三十萬遍，就可以當面看見阿彌陀佛。從前藕益大師曾經起過念這往生咒的佛七。（**佛七**，就是設立道場，做佛事七天。若是念阿彌陀佛的，就叫做佛七。念觀世音菩薩的，就叫做觀音七。念往生咒的，也可以叫往生七。普通的叫法，只叫佛七也可以。）

善女天咒

（十小咒之十）

這咒出在金光明經上。（金光明經，是一部佛經的名稱）金光明經有兩種翻譯的本子，一種稱**金光明感應王經**，是先翻譯的。一種稱**金光明最勝王經**，是後翻譯的。現在法師講的金光明經，都是講感應王經，是因為有智者大師的玄義文句。（解釋經的名稱叫做玄義，玄字是深奧的意思。經的名稱，雖然字數不多，但是包含著很多很深的意義在裏面，所以叫玄義。解釋經文的話叫做文句。）這咒叫善女天咒，因為是善女天說的，就把說咒的人當做咒的名字。這位善女天，在感應王經裏面稱做**功德天**，最勝王經裏面稱做**大吉祥天女**。因為她到的地方，自然會有各種寶貝生出來，供給人家享用，所以得到這功德天和大吉祥兩種名號。

照經上說，北方毗沙門天王，（毗沙門，是四天王天北方天王的名字，翻譯成中文是多聞兩個字，就是聽得多的意思。）有一座城的名字叫阿尼曼陀，這城裏有一個花園叫做功德華光，花園裏最好的地方叫做**經幢園**，是極妙的七寶莊嚴的。這位善女天，常常住在這個花園裏。華光是表顯女相的，這個花園叫功德華光，恰正配功德天去住的。**經**是法寶，**幢**是莊嚴品，功德天住在經幢園裏，見得他是誠心擁護這金光明經。還有一層，是表顯修行的人把這金光明經來莊嚴自己的心性，就可以從八識田裏開出功德華來結成菩提果的意思。

南無佛陀。南無達摩。南無僧伽。南無室利。摩訶提鼻耶。怛你也他。波利富樓那。遮利三曼陀。達舍尼。摩訶毗訶羅伽帝。三曼陀。毗尼伽帝摩訶迦利野。波禰。波囉。波禰。薩利嚩栗他。三曼陀。修鉢梨帝。富隸那。阿利那。達摩帝。摩訶毗鼓畢帝。摩訶彌勒帝。婁簸僧祇帝。醯帝簁。僧祇醯帝。三曼陀。阿他阿㝹婆羅尼。

功德天說這一篇咒，是因為恐怕修金光明法門的人缺少了錢財，不免要想稽首皈依蘇悉帝，頭面頂禮七俱胝。
我今稱讚大準提，惟願慈悲垂加護。

這四句偈是龍樹菩薩作的，是皈依三寶，請求加被的意思。本來念各種經，總先應該念四句開經偈的，（照規矩，念經之前，應該先念四句偈，那四句偈叫開經偈，就是**無上甚深微妙法，百千萬劫難遭遇。我今見聞得受持，願解如來眞實義**。這四句偈的意思，在阿彌陀經白話解釋最後修行方法裏面有詳細解釋。）現在把這四句偈加在咒的前面，就可以叫做開咒偈了。

稽首就是叩頭。皈依蘇悉帝是皈依的法寶。**蘇悉帝**是梵語，翻譯成中文是善圓成三個字。意思是說：好好圓滿一切的願心，成功一切的事情，這是讚嘆這咒的威神力。**頭面頂禮**就是行頭面接足禮，這種禮拜樣式是頭叩在地上，兩手分開在頭的左右，手背著地，手心朝上，意思是接佛的兩足來安在自己頭邊賺錢的方法，就要分他修行的心。所以教他念這咒，可以使他不愁錢財。什麼叫做修金光明法門呢？就是念佛、懺悔、發願、回向的各種道理。

金光明三個字，是表顯心性的。**金**字是取常住不變的意思，那是表顯的心體。**光**字是取智慧具足的意思，那是表顯的心相。**明**是取遍照法界的意思，那是表顯心的大用。照三德說起來，金是法身德，光是般若德，明是解脫德。這三種德完全在自己的心性裏，因為被那煩惱障、業障、報障三種障障礙住了，所以三德不顯，一定要靠念佛、懺悔、發願、回向的功德力，把這三種障礙去除，才可以顯出這三德來。

這咒的用意，是幫助修行的人能夠早日修成金光明三昧，（修成金光明三昧，就是成功金光明的修法，就是靠念佛、懺悔、發願、回向的功德力，破除三障，顯出三德來。）明心見性。並不是教人念了咒求發財，若是不講修行，專門求發財，那就不但是不能感動功德天，反倒要加重貪癡的惡業，哪裏還會有好的效驗呢？

心經

般(ㄅㄛ)若(ㄖㄜˇ)波(ㄆㄛ)羅(ㄌㄨㄛˊ)蜜(ㄇㄧˋ)多(ㄉㄨㄛ)心(ㄒㄧㄣ)經(ㄐㄧㄥ)

這八個字是一卷經的名稱。波羅蜜多也有省去一個多字，只稱波羅蜜的。佛經裏面說，生死是此岸，（此岸，就是這邊的岸。）了脫生死，叫做到彼岸。（彼岸，就是那邊的岸。）這六個字的意思，是說用大的智慧，度過這邊有生死的岸，（指娑婆世界。）到那邊沒有生死的岸。（指極樂世界。）

心經是完全講心性的道理，說明一切法都是一念的心裏變現出來的，像是空裏現出來的華。（眼不清楚的人，向空裏看去，或是多看了些時候，就會有一種像是華一樣的東西現出來，叫做空華。）這種華本來是虛空的，沒有體質的，所以，雖然看見像是有華的相，其實是沒有的。既然本來沒有什麼華，還有什麼可以取呢？既然沒有什麼可以取，還有什麼可以得到呢？心性所現的一切法，都像這種空華的樣子，凡夫沒有智慧，把那和空華一樣的法當做真實的事情，就起了貪取的心，算這個是能取法的我，那個是我所取的法。因為有了這種我見，起了能取、所取的心，（能取，就是上面所說的能取法的我。所取，就是上面所說的我所取的法。）虛妄地造出種種業來，受一世、一世生死不了的苦。不曉得一切的法其實就是自己的心，用自己的心，去取自己的心，你想：是有所得呢？還是無所得呢？（有所得，就是有什麼法可以得到的意思。無所得，就是沒有什麼法可以得到的意思。這無所得三個字，就是經裏以無所得故一句的道理。）

凡夫認做了有所得，所以時時處處、接二連三地起妄想心，冤枉受那一切的苦。諸佛、菩薩曉得是無所得的，絲毫不起妄想的心，所以能夠證著自己的心，得著涅槃菩提的妙果。（妙果的果字，是說菩薩證到涅槃的果，佛證到菩提的果。這種果，是不得了的，是最高的果，所以稱做妙果。）這種妙果，雖然說是得到，其實也並不是從外面得來，還是自己心性裏本來有的，所以說到底還是無所得。但是，雖然是無所得，究竟心性的妙用（妙用的用字是用處的意思，心性的用處當然是很神妙的，所以稱做妙用。）完全是得著的了。眾生和佛的分別，就在這有所得、無所得的兩種見解上分的。

這本心經，就是說明白一切的法都是空相、無所得的，教人不要妄起取著的心，那是離苦得樂的祕訣，所以稱做般若波羅蜜多心經。經文的解釋，另外有用白話來解釋得很詳細的本子，現在不過是把經文的大意約略講講。就算不看白話解釋的本子，也可以曉得一些，若是要明白經文的意思，只要請一本心經白話解釋來看，就曉得了。

觀自在菩薩，行深般若波羅蜜多時，照見五蘊皆空，度一切苦厄。舍利子！色不異空，空不異色。色即是空，空即是色。受想行識，亦復如是。舍利子！是諸法空相，不生不滅，不垢不淨，不增不滅。是故空中無色、無受想行識。無眼耳鼻舌身意。無色聲香味觸法。無眼界，乃至無意識界。無無明，亦無無明盡，乃至無老死，亦無老死盡。無苦集滅道。無智亦無得。以無所得故，菩提薩埵，依般若波羅蜜多故，心無罣礙，無罣礙故，無有恐怖，遠離顛倒夢想，究竟涅槃。三世諸佛，依般若波羅蜜多故，得阿耨多羅三藐三菩提。故知般若波羅蜜多是大神咒、是大明咒、是無上咒、是無等等咒，能除一切苦，真實不虛。故說般若波羅蜜多咒，即說咒曰：揭諦揭諦。波羅揭諦。波羅僧揭諦。菩提薩婆訶。

摩訶般若波羅蜜多

這八個字是一切講般若經的總題目。（般若經，是專門講般若的各種佛經，像心經、金剛經等都是。）摩訶是梵語，翻譯成中文，就是一個大字。般若波羅蜜多，前面已經解釋過了。

六祖惠能大師教人淨了心，（淨了心，就是不起妄念的意思。）念這一句，說世界上的人本來自己都有智慧，這種智慧，就叫佛性，自己的本性就是佛，離了自己的本性，沒有別的佛。（照心性的道理說，本來是自他不二的，就是念佛的人看見阿彌陀佛，也是自己的心性裏現出來的，並不是從外面來的，所以說自性彌陀。自己和他人，總是一個心性，沒有兩個心性，所以說是不二。）自己的心性裏，能夠包含一切的法，就是虛空也包在心裏，那麼，心量的大（心，就是心思。量，就是限量。心量，實在就是俗話的度量。）還得了嗎？所以說是摩訶。般若是沒有形相的，就是自己的智慧心，心著在境界上，就有生滅，像是水裏起了波浪，就是在這邊生死的岸了。心能夠離開了境界，就沒有生滅，像是水能夠常常流通，那就是到了那邊涅槃的岸了，所以稱做波羅蜜多。

大師又說四句偈道：摩訶般若波羅蜜，最尊最上最第一。無住無往亦無來，（住，是現在。往，是過去。來，是未來。）三世諸佛從中出。這個偈的意思是說，摩訶般若波羅蜜多的一種法門，最是尊貴、最是上等、最是第一，沒有比這種法門更加高妙的了。這種般若的心性，沒有過去、未來、現在的三種界限，所有三世一切的佛，都是從這個法門裏修出來的。照這個偈看起來，就見得這種法門的高妙了。

在五代的梁朝，（五代，就是梁、唐、晉、漢、周五個朝代，因為這五個朝代的皇帝都在位不久，所以寫歷史的人就不稱它梁朝、唐朝、晉朝、漢朝、周朝，就籠統的叫五代了。但是在別的時候，還有一個朝代也稱梁朝，應該要分別清楚的。現在所說的梁朝，就是五代的梁朝。）有一個布袋和尚，是彌勒佛的化身，現在寺院裏山門口塑的彌勒佛像，其實就是布袋和尚的相貌，因為他常常拿著一個布袋，所以稱他布袋和尚。他和四明的蔣宗霸很要好，（四明，就是浙江省的寧波府。蔣宗霸，是四明地方的一個修行人。）教蔣宗霸念摩訶般若波羅蜜多做每天的功課，因為他天天這樣地念，所以大家都把蔣宗霸叫做蔣摩訶。布袋和尚在岳林寺化去後，（岳林寺，在寧波府屬的奉化縣。）過了十年，浙江人到四川去，又看見布袋和尚，布袋和尚就託這個浙江人回到四明去對蔣摩訶說，教他自己保重，等將來再同他見面。那個人回來告訴了蔣，蔣說我已經曉得，就備了齋，約他的親戚朋友都來相會。他洗好了澡，跏趺坐了，也就化去了。這不是念摩訶般若波羅蜜多的大好處嗎？

從前，帝釋和阿修羅打仗，（帝釋，是忉利天上的天王，就是大家都稱他做玉皇大帝的。）帝釋打敗了，去告訴梵天王，梵天王就教帝釋念這八個字，忽然刀兵從虛空 落下來，像雨點一樣的多，阿修羅的身體、手腳都被打傷，就逃走了。可見得這八個字功效真是大得很哩！能夠常常念這一句，一定能夠得著大智慧的。

念的時候，這一句要**連念三遍**，並且從這一句起，一直到下面普賢菩薩十大願，都要合掌念。

上來偈贊

上來現前清淨眾，諷誦楞嚴祕密咒。

這兩句偈是說明所修的功德。**上來**兩個字，表明說偈的意思，是說上面念種種咒的人所修的種種功德。**現前清淨眾**是說現在一同在佛前做功德的許多人，合掌恭敬，是身業清淨。念誦經咒，是口業清淨。一心做功課，沒有旁的雜念，是意業清淨。身、口、意三業都是清淨的，所以說是清淨眾。

不看書本念叫做**諷**，出聲地念叫做**誦**。**楞嚴祕密咒**五個字，是把上面所念的各種經咒，都包括在頭面了。楞嚴咒是朝課開頭第一種咒，最是重要，所以特別的標出名稱來。還有大悲咒和十小咒，一齊都稱做祕密咒。心經雖然是一種經，並不是咒，但是經裏面也有咒，而且經文裏面也說它是大神咒、大明咒、無上咒、無等等咒，所以也可以說是祕密咒。先把這功德說明白了，把這種種功德做下面回向求願的根本。

回向三寶眾龍天，守護伽藍諸聖眾。
三途八難俱離苦，四恩三有盡霑恩。

這四句是回向的偈。**三寶**是一切眾生的慧命，（慧命，是智慧的命。修行全靠智慧，所以修行人把智慧當做性命。）所以先要回向。**眾龍天**就是有威德的許多龍神和許多天上的人，都是守護伽藍的護法神。**伽藍**是梵語，翻譯成中文，叫做眾僧園。意思是說，許多僧人在這個地方學佛法、修佛道，像園裏種花果一樣，其實就是寺院。守護伽藍的護法神，大多數是菩薩化現的，不是凡夫，是聖人，所以說是**諸聖眾**。因為他們是守護三寶的，所以，回向三寶，接下來就回向護法神。

下兩句是回向法界的意思。**三途**就是地獄、餓鬼、畜生三種惡道，地獄到處是火，所以也叫火途。餓鬼看恆河的水完全是血，所以也叫血途。畜生不免被人家刀割，所以也叫刀途。**八難**的難字，就是災難的難字，還有阻礙的意思在裏面。第一、第二、第三三種難，就是地獄、餓鬼、畜生三種惡道。第四種難，是盲聾瘖啞難。（盲，是瞎眼。聾，是耳朵聽不見聲音。瘖啞，是啞巴。）第五種難，是世智辨聰難。（世智，是世界上凡夫的小聰明。辨聰，是用凡夫的小聰明來辨論是非。這都不是正當的智慧，所以只可以叫聰明，不可以稱智慧。因為這種人自己仗了聰明，就不肯虛心修行，或者還要毀謗佛法，所以也是一種難。）第六種難，是佛前佛後難。（生在佛出世之前，或是生在佛出世之後，都見不到佛，聽不到佛法。）第七種難，是北俱盧洲難。（在須彌山的四周圍有四個洲，東邊的叫東勝神洲。南邊的叫南贍部洲，就是我們現在所住的地方。西邊的叫西牛賀洲。北邊的叫北俱盧洲。因為北俱盧洲的人福分很大，但是不曉得修佛法，所以佛不到那個洲去現身說法，那裏的人就聽不到佛法，就是韋馱菩薩護法也因為那裏沒有佛法可以保護，所以只護東勝神洲、南贍部洲、西牛賀洲三洲。北俱盧洲既然不能夠聽到佛法，就不能夠了脫生死，所以也說是難。）第八種難，是無想天難，（無想天，是外道生的地方。外道修一種定的功夫，是把意識停住，不起念頭，叫做無想定，得了這種定，能夠生到無想天上去。無想天的人，永遠不會了生死的，所以也說是難。）這種三途八難的眾生本來都離不了苦，現在把功德回向他們，使他們一齊都脫離生死的苦。**俱**字是一齊的意思，這一句是回向拔苦的意思。

四恩是一個人所受到的四種恩德。第一是父，第二是母，第三是佛，第四是師父。前面兩種是受生身的恩，那是世間的大恩人。後面兩種是受法身的恩，那是出世間的大恩人。**三有**就是欲界、色界、無色界的三界，因為三界的眾生都是有業因果報的，所以叫做三有。照道理說起來，一切眾生都是自己過去世的父母，（因為我們從有這個生命到現在，不曉得經過了多少的世代。做一世眾生，就有一世的父母，那麼，做過我們父母的眾生，也不曉得有多少了。不只是不能夠計算，也不能夠分清楚究竟哪一個是做過我們父母的。所以，只好說一切眾生都是自己過去世的父母。因為過去的時代太長久了，做過我們父母的也太多了，或是我們自己在過去世做過畜生的，或是我們過去的父母裏有墮落到畜生道裏的。所以不能夠說做過我們父母的人，只好說做過我們父母的眾生。）都受過他們的恩，受過了恩，一定要報答。**霑**字，是受著的意思。**盡霑恩**三個字，是說把功德回向那四恩三有的人，使他們都受著那無上法寶的恩德。這一句是回向報恩的意思。

● 國界安甯兵革銷，風調雨順民安樂。
大眾熏修希勝進，十地頓超無難事。
三門清淨絕非虞，檀信皈依增福慧。

這六句是求願的偈。**國界**是說自己國內的土地，國土是有界限的，所以叫做國界；**安甯**（寧）兩個字是太平安靜的意思。**兵革銷**是削去那刀兵的災。這第一句偈，是求願國土太平。風調是說風來得調和，雨順是說雨來得順當。能夠風調雨順，田稻自然收成好，田稻的收成好，百姓自然都能夠安心快樂地過日子。這第二句偈，是求願年歲豐登。（豐登，就是收成好的意思。）大凡修行的人，總要靠著外緣，（外緣，是外邊的緣，就是外邊人的幫助。）若是國土不太平，地方不安靜，或是年歲不好，常住裏面缺少了齋糧，（這個常住兩個字，是指寺院。因為寺院是一切僧眾常住的道場，所以就稱做常住。）就恐怕不能夠安心修道了。這兩件事情，實在是很要緊，所以先要求願。

熏修是說修行的功夫，譬如拿香來熏衣服，天天地熏，自然那衣服上的香氣越熏越濃，永遠不會退去了。修行的人，用緣因、了因的兩種修德熏煉自己的正因佛性，也是這樣的道理。**希勝進**三個字，是希望大眾的進步極快，勝過平常的意思。**十地**是菩薩最高的位子。**頓超**兩個字，頓是頓時，超是超過，就是說立刻就到十地菩薩的地位。無難事是說沒有魔難的事情。

三門是三種解脫門：一種是**空解脫門**——曉得一切的法，都是從自己一念的心裏虛妄現出來的，像是做一個夢，自己的身體和外面的一切境界完全都是空的，那就得到解脫了。一種是**無相解脫門**——看所有一切的法，完全都是自己的心，心沒有形相，所現的各種幻相，（幻相，是虛妄變現出來的那種相，並不是實在的。）像是空裏的華，這種虛妄的相本來並不曾有，到底還是無相，明白了這種道理，那就得到解脫了。一種是**無願解脫門**（也有稱無作三昧、無起三昧的。）——有願，就有取著的心，要曉得，所有一切的相完全是自己的心變現出來的，怎麼可以用自己的心去取自己心裏變現出來的相呢？金剛經上佛說：我說法度眾生，譬如用筏來度人過河一樣，等到過了河，這個筏就應該捨棄，不可以再執著了。一切的相好比是筏，眾生已經明白了佛法，就應該把一切的相都捨棄。明白了這種道理，自然沒有什麼心願放不下，那就得到解脫了。這三種的觀想，都能夠破我執、法執，所以叫做解脫門。三門清淨就是成功解脫的意思。**絕非虞**三個字（虞字有防備和恐怕兩種的意思。非虞，是說防備不到，有意外的恐懼。）是說，斷絕那種料想不到的禍患。這第三、第四、第五三句偈，是求願修行順利的。

檀信兩個字，是指外面的施主說的，**檀**字是檀那的簡便說法。梵語檀那，翻譯成中文就是布施。**信**字是說相信佛法的人。能夠相信佛法，修布施功德，叫做檀信，其實就是施主。能夠做寺院裏施主的人，一定是信佛的佛弟子，也一定是皈依三寶的。布施錢財，是種福德的因。皈依三寶，是種智慧的因。這最後一句偈是說，願意那些施主都增加福德、增加智慧，不捨棄這種的因果，這都是求願利益施主的。連前面總共十二句偈，都是宋朝的真歇清了禪師做的。

阿彌陀佛身金色，相好光明無等倫。白毫宛轉五須彌，紺目澄清四大海。

這是讚阿彌陀佛的偈，總共八句，出在淨土修證儀裏面，（淨土修證儀，是一部佛書的題稱）是宋朝時候的擇瑛法師做的。

這四句是讚阿彌陀佛的報身佛。**阿彌陀**是梵語，翻譯成中文稱做無量壽，也稱做無量光，（無量壽，是說阿彌陀佛的壽很長，不能以數目計算。無量光，是說阿彌陀佛全身的光很亮、很大，也不能以數目來計算。這兩句，在阿彌陀經白話解釋 彼佛光明無量兩節底下，有詳細解釋。）是極樂世界的教主。（凡是一個大千世界就有一尊佛，在那裏教化所有的一切眾生，這一尊佛，就稱教主。因為極樂世界是阿彌陀佛教化的，所以阿彌陀佛就稱極樂世界的教主。）我們這個娑婆世界，在華藏世界裏第十三層的中間。（華藏世間總共有二十層，最下的一層，周圍有一個佛土的微塵數的世界，每上一層，周圍就再加多一個佛土的微塵數的世界。第十三層周圍，有十三個佛土的微塵數的世界。一個佛土的微塵數的世界，就是把一個佛土研成像微細的灰塵那麼多的世界，這華藏世界到下面同登華藏玄門一句的解釋裏，還會詳細講。）極樂世界，也在第十三層，和我們娑婆世界是平的，在娑婆世界的西面，隔開十萬億個佛世界。這華藏世界 所有無量無邊的世界，都是我們自己的心現出來的，完全都在自己的心裏。所以只要一心念佛，有了善根福德的因緣，（善根，是念佛發大願心。福德，是做種種善事。這一句，在阿彌陀經白話解釋裏面不可以少善根福德因緣一句底下，有詳細解釋。）就可以往生到極樂世界去了。

照觀無量壽佛經上說，阿彌陀佛的身體，有六十萬億那由他恆河沙由旬高，（那由他，就是一萬億。恆河沙，也是一個極大、極大的數目。由旬，有二十里、四十里、六十里三種說法，不過照四十里說的多。）全身都是金色的，這種金色，比夜摩天上的閻浮檀金要勝過百千萬億倍。佛的身上，有八萬四千種的大人相。（佛是一切眾生裏最尊、最大的人，所以佛的相，稱做大人相。）一種、一種的相，各有八萬四千種的隨形好。（這種的好，都是跟隨形相上有的，所以稱做隨形好。）一種、一種的好，又各有八萬四千種的光明，這種光明能夠周遍照到十方世界的念佛眾生，一個都不捨去。照這樣說起來，我們念佛，一定也有佛光來照我們，不過我們凡夫的肉眼看不見罷了。所以，只要念佛的心不退，求願往生的心發得懇切，到了臨終的時候，阿彌陀佛一定放光來接引，不必心裏膽小。

照上面所說的相好光明，除了阿彌陀佛，沒有像這樣好的，所以說是**無等倫**。（倫字就是同樣的意思。）**白毫**、紺目是三十二相裏的兩種相，法華經上，妙莊嚴王讚嘆雲雷音宿王華智佛，中間有四句：其目修廣，（修就是長。廣就是闊。）而紺青色。（紺字是深青的顏色些微帶一些紅色。）眉間毫相，（白毫，生在兩條眉毛的中間。）白如珂月。（珂是白色的玉，是比喻白毫的顏色。月是比喻白毫的光明。）就是贊的**白毫**、紺目的兩種相，這種相一切的佛都有。

現在先講阿彌陀佛的白毫相。**白毫**是一根白色的毫毛，這根毫毛是空的、八角式的，像是一根玻璃管，內外都光明。**宛轉**兩個字，是圈轉來的意思。照觀無量壽佛經上說：白毫向右邊一順的旋轉來，圈在眉心裏，周圍像有**五座須彌山**的大。須彌山的寬度、高度都有三百三十六萬里，五座的須彌山，就有一千六百八十萬里大。

再講阿彌陀佛的紺目相，**澄清**的**澄**字，是沒有一些渣滓的意思。清是清淨。照觀無量壽佛經上說：佛的眼睛，像四個大海的水，青色的眼珠和白色的眼肉，分得清清楚楚。一個海有八萬四千由旬，四個海，就有三十三萬六千由旬大。（大家不要疑惑阿彌陀佛的身體、白毫、眼睛哪裏會有這麼的大？我把螞蟻來比喻我們人，就可以曉得佛的身體可以有這麼大了。佛的身體有六十萬億那由他恆河沙由旬的高，那比起我們凡夫不曉得要高大多少倍。但是，我們人的身體比起螞蟻，也不曉得要高大多少倍？況且螞蟻還不算是最小的眾生哩！若是用顯微鏡看，還有比螞蟻不曉得要小多少倍的微生物，倘若對這些微生物說有這麼大的人，牠們也要疑惑是不是真的。所以，自己的心量小，只可以深信佛經上說的都是真的，都要相信，不可以有一些些疑惑。佛的身體既然有那麼大，白毫和眼珠也自然有這麼大了。微生物，是一種最小、最小，有生命的小眾生。）依照**紺目**兩個字的意思看起來，像是單說佛的眼珠。但是照經文的意思說，應該要連眼白一起算，不能夠單指眼珠說。這四句偈，完全是依照觀無量壽佛經上說的，若是要修觀想白毫的觀法，只能夠觀六丈或是八尺的佛身，（在觀無量壽佛經第十三觀叫做雜想觀裏面有。）照觀佛三昧經上說的，釋迦牟尼佛的白毫相長一丈五尺，圈轉來周圍五寸，這樣的作觀，才可以修得成功。現在塑的佛像，額上嵌一顆珠子，或是一小塊白玉，就是表明這白毫所生的地位。

光中化佛無數億，化菩薩眾亦無邊。

這兩句偈是讚阿彌陀佛的化身佛。照觀無量壽佛經上說，阿彌陀佛頭上的圓光，像百億個三千大千世界的大，圓光裏有 萬億那由他恆河沙的化身佛。一尊、一尊的化身佛旁邊，都有化身的菩薩做侍者，（立在兩旁伺候的人，叫做侍者。）這種化身的菩薩，也是很多很多，沒有數目可以算得出來，這兩句偈就是照觀無量壽佛經的說法。**無數億**三個字，是說把億的數目計算起來，要有無數的億。無數兩個字，也是在十大數目裏面的，（在佛經裏面，有十個大數目都是很大、很大，算不清楚的，像那由他、無量、無邊、無數、阿僧祇、不可說都是，要曉得明白，華嚴經上阿僧祇品裏面有，可以去查看的。）大得不得了，不是凡夫用的算法可以算得出來，那麼，其實可以說是沒有數目的。這樣許多的化身佛、化身菩薩，做了什麼事呢？不是專門接引念佛眾生的嗎？所以，我們靠阿彌陀佛的大慈大悲、大願大力，只要自己認真念佛，一心求生到極樂世界去，一定能夠滿這願心的。

有人問道：佛有三種身，為什麼這個偈只讚報身佛和化身佛，不讚法身佛呢？我道：佛的真法身，好像是虛空的樣子，沒有形相，怎麼讚法呢？報身、化身兩種佛身，都是依了法身才有的，沒有法身，哪裏會有報身、化身呢？所以讚了報身、化身，也就是讚了法身。況且，說佛法、度眾生，都是報身佛和化身佛的事情，我們求願往生，聽法證果，也是和報身佛、化身佛有關係，所以只讚報身佛和化身佛，就是這個緣故。

四十八願度眾生，九品咸令登彼岸。

這兩句偈是讚佛接引往生的。照無量壽經上說，阿彌陀佛在從前做法藏比丘的時候，（阿彌陀佛本來也是印度的一位國王，後來出家做比丘。這法藏兩個字，就是阿彌陀佛做比丘時候的法名，在阿彌陀經白話解釋裏面佛說阿彌陀經一句底下有講到，可以看看。）發大菩提心，為了要度脫十方一切眾生，專門修淨土的一種妙法。在世自在王佛的面前，發了稱自己本性的**四十八**個大願心，（四十八個大願心，在無量壽經裏面說得很明白。）願願都是度眾生的。大概都是說極樂國裏種種莊嚴，非常的清淨，沒有三惡道和女人相的。凡有生到極樂國土裏的人，壽命都是無窮無盡的，衣食都是自然有的，要什麼就有什麼，不用費心費力。一生到那裏去，就能夠得到各種神通，永遠不會退轉來，一世可以直到一**生補處**的地位（一生補處，是說就在這一世上可以補到佛的位子。因為一個大千世界，就有一尊佛做教主，當這一尊佛和這個大千世界眾生的緣滿了，示現涅槃的相。那麼，就會輪到補缺的菩薩，補這一尊佛的位子。在阿彌陀經白話解釋裏面其中多有一生補處一句底下詳細講過。）像這樣說不盡的好處，都是為了要救度一切苦惱的眾生，所以發這樣的大願心。第十八願說：十方眾生，真心的相信歡喜，要生到阿彌陀佛的國裏去，最少要有十念的功夫，（十念，是不管念多少聲的佛，只是盡一口氣念，念滿十口氣，叫做十念法。）只除了造五逆重罪的和謗法的人，沒有不能夠往生的。

阿彌陀佛在修因的時候，發這樣的大願，現在證了佛果，自然所有的願心都圓滿了。阿彌陀經上，釋迦牟尼佛再三的勸說：應當發願，生彼國土。倘若我們再不曉得一心念阿彌陀佛、求生到極樂世界去，那就不只是對不起阿彌陀佛發願度我們的大恩，也對不起本師釋迦牟尼佛說這淨土法門的大恩了。（本師，是因為釋迦牟尼佛在我們這個世界上做教主，教化我們，所以稱做本師，意思就是我們自己的師父。）對不起兩尊佛的大恩，你想罪過不罪過呢？因為阿彌陀佛發的四十八願原是度眾生的，所以說**四十八願度眾生**。

這個偈的這一句，是依照無量壽經。還有那七句，都是依照觀無量壽佛經。**九品**是：上品上生、上品中生、上品下生。中品上生、中品中生、中品下生。下品上生、下品中生、下品下生。凡是生到西方極樂世界去，都是從蓮華 生出來的。往生的人，念佛的功夫最深，度生的願心最大的，才可以上品上生。念佛的功夫漸漸差下去，品位就漸漸的低下去，華開的時候，也漸漸的長下去了。

上品上生的，一到西方極樂世界，蓮華立刻就開，可以立刻見到佛，就可以得到無生法忍。（無生法忍，在佛法大意裏面詳細講過。）

上品中生的，經過一夜，蓮華就開，也可以見佛，但是要修一小劫（小劫，是人的壽命從八萬四千歲起，每過一百年減少一歲，減到十歲。又從十歲起，每過一百年多加一歲，仍舊加到八萬四千歲，像這樣的減一次，加一次，叫做一個小劫，就是一千六百八十萬年。二十個小劫成功一個中劫，四個中劫成功一個大劫，就是十三萬四千四百萬年了，在阿彌陀經白話解釋裏面彼佛壽命一節底下講得很詳細。）才可以得無生法忍。

上品下生的，經過一日一夜，蓮華才開，七日裏，可以見佛，要修三小劫，才可以證到初地。

中品上生的，也是一到西方蓮華就開，雖然見到了佛，聽到了佛法，但是只能夠先證小乘的果，所以比不上上品下生的人。

中品中生的，到第七日蓮華才開，就可以聽到佛法，修了半劫，（這個半劫，在觀無量壽佛經上雖然沒有說明是小劫，但是，看下面中品下生的人成阿羅漢是一小劫，那麼，這中品中生的人成阿羅漢一定是半小劫了，不會是半中劫，更加不會是半大劫。）方才證得阿羅漢果。

中品下生的，要經過七日，方才見到觀世音、大勢至兩大菩薩，能夠聽到佛法，修一小劫，才修成阿羅漢。

下品上生的，必須經過四十九日，蓮華方才開放，見到觀世音、大勢至兩大菩薩說佛法給他聽，要修十小劫，才證到初地。

下品中生的，就要經過六劫，（這個六劫，也沒有說明白大小，但是，照上面下品上生的，只要經過四十九日，蓮華就可以開放，下面下品下生的，要滿十二大劫，蓮華才會開放。兩邊比較起來，照酌中算，或許是中劫吧？想來應該不是大劫。）蓮華才能夠開放，觀世音、大勢至兩大菩薩說佛法給他聽，但是，雖然發心，仍舊不能夠就證得果位。

下品下生的，直要滿十二大劫，蓮華才能夠開放，觀世音、大勢至兩大菩薩說佛法給他聽，也是只能夠就發心，不能夠證果。（這不過說些大略的情形，並且都是講到果，若是講到因，那就應該說明白怎麼樣的修法可以生上品？怎麼樣的修法可以生中品？因為說起來太複雜了，所以不說了。好在觀無量壽佛經上說得很詳細，要曉得詳細情形，可以請觀無量壽佛經來看就明白了。經上說九品，也不過是說大概，其實哪裏只有九品？恐怕品數說也說不盡哩！）

雖然往生的品位有九品的不同，但是一生到了極樂世界去，哪怕是下品下生，也是一世就可以修到等覺菩薩的，所以說**九品咸令登彼岸**。**咸**字是完全的意思，就是說九品往生的人，都完全叫他們登到涅槃的那邊岸上去，這是生到極樂世界去的特別好處，才有這樣的大利益。若是還不曉得發願求往生，那不只是對不起兩尊佛的大恩，自己也對不起自己本來有的佛。

南無西方極樂世界，大慈大悲，阿彌陀佛。

念了這一聲，就接下去念南無阿彌陀佛六個字的佛號。十方世界的佛，相同名同號的很多，現在我們修這淨土法門，專門為了求生西方，所以開頭的一聲佛號上面，加這**西方極樂世界**，**大慈大悲**十個字，很有意思的。先標明歸命的地方，是西方極樂世界，見得不是念旁處世界的阿彌陀佛。

照作觀的法門，先觀依報，後觀正報。現在修持名的法門，在念佛前，先念這一聲，把西方極樂世界六個字加在佛號的前面，也就是先依報後正報的意思。（西方極樂世界是受報的境界，所以叫**依報**。阿彌陀佛是受報的人，所以叫**正報**。）觀無量壽佛經上說：觀佛身故，亦見佛心。佛心者，大慈悲是。現在中間加上大慈大悲四個字，意思是見得一句佛號就是佛的三身，佛身是佛心的表相，（表相，是表顯出來的相貌。）佛心只是一種大慈悲心，所以佛號前面加上大慈大悲四個字，就是顯明白佛心，還含著一種求佛接引的意思在裏面。照我的意思，大慈大悲四個字的下面，應該要再加大願大力，接引導師八個字。這樣，我念佛的主意更加顯明白了。因為大慈大悲還只是普通的佛心，再加上大願大力，接引導師。那麼，四十八願、九品度生的特別大慈悲，（度生，就是度眾生。）都可以顯出來。我們求願往生的意思，也滿足地表顯明白了。

南無阿彌陀佛！

這一句佛號，是我們脫離苦海、永遠受樂的一個絕妙法門。這個法門，既是容易，又是穩當。六個字的佛號，哪一個人不會念？只要能夠真正的相信，發求生西方的願心，至誠地念這句佛號，天天不間斷，到臨終的時候，阿彌陀佛一定來接引往生。一生到極樂世界去，就永遠脫去那生死的苦了。這就叫做橫出三界。

永明壽禪師說，這個法門，一萬個人修，一萬個人去，不是很容易的嗎？修別種法門，像那些參禪、持咒，的確也都能夠了脫生死，但是不容易修成功。並且，修得有一些不合法的，還要著魔，有種種的危險，就像走狹窄險路。只有這念佛求生西方的法門，是一條平正的大路，沒有種種魔難，並且又是成佛的捷徑，（捷，是快的意思。徑，是小路。意思是抄小路、近路走，很快就到達目的地。）一世就可以修到和觀世音菩薩、大勢至菩薩一樣的地位。

這是靠阿彌陀佛的願力，所以能夠有這樣的好處。譬如像要過大海，修別種法門的，像是坐划槳小船。修淨土法門的，像是坐大輪船，不是很穩、很快嗎？

現在這個世界上種種的苦處真是說也說不盡，想來大家也覺得受怕。現在總算還是靠前世的修福生在人道裏，就已經是這樣的苦，若是再一個不小心造了些惡業，或是前世的果報熟了，（熟，就是到了受報應的時候。）落到三惡道去，那是更加沒有法想了。現在既然曉得這個脫苦的絕妙法門，應該要一心一意的念佛求生西方，把這句南無阿彌陀佛當做自己的性命。不只是在朝夜課念，一有空閒的時候，就應該專心念這一句佛號。念得越誠心、念得數目越多越好，這是自己將來的真實受用，萬萬不可以不著力。

念佛的時候，應該先繞圈子念，但是要順著繞，就是從東走到南，從南走到西，從西走到北，這種走法叫隨順，有大功德的。若是從東走到北，從北走到西，從西走到南，那就叫逆行，（行，就是走的意思。）有罪過的。倘若走得時候長了，可以坐了念，或是跪了念，自己定的遍數念完了，仍舊跪下，念下面的各種佛菩薩名號。

南無消災延壽藥師佛！

念三聲

藥師佛是東方琉璃世界的佛，怎麼忽然加在西方三聖裏面念呢？這是有一個緣故的：

在清朝順治皇帝時，有一位玉琳大禪師，精通佛法，常常念藥師佛，（簡單稱起來，就稱藥師佛三個字。其實，藥師本願經上，佛號是藥師琉璃光如來，並不稱消災延壽藥師佛，消災延壽是佛的十二個大願心裏的一個，只要念藥師琉璃光如來，自然會和消災延壽的願心相應，為什麼要把藥師琉璃光如來改稱消災延壽藥師佛呢？）順治皇帝皈依這位玉琳大禪師。玉琳大禪師題順治皇帝的法名叫行癡。行字是玉琳大禪師題他弟子法名的**字派**。（凡是法師收錄弟子，題的名字上面一個字，往往排定幾個字，收一個弟子，就在排定的字底下加一個字，像智照、智海、聖量、聖意等都是。所以，共同一位師父的弟子，他們的名字，就像親弟兄一樣，都有一個字相同，當用到這個相同的字了，就再換一個字，這種字就叫字派。）癡字是因為順治皇帝在最初皈依的時候，要用壞字眼來題法名，玉琳大禪師請順治皇帝不必用壞字眼，順治皇帝一定不肯，玉琳大禪師就寫了十多個壞字眼，請順治皇帝自己揀選，順治皇帝就揀定一個癡字。因為玉琳大禪師常常念藥師佛，所以玉琳大禪師一派的寺院，在做朝課的時候也都念藥師佛。

實在講起來，佛本來沒有自己和旁人的分別，所以念藥師佛可以求生東方，也可以求生西方。並且，既然皈依了三寶，凡有十方一切諸佛，都應該要念的。但是，講修行的方法，那是應該專修，不應該雜修的。（雜修，是這樣修修那樣修修，夾夾雜雜的意思。）像我們修淨土法門求生西方的，應該專門念阿彌陀佛，專門禮拜阿彌陀佛，不把心分到別處去，叫做專修。念了別尊佛號，就算是雜修了。因為心不專一，所以說他是雜。

善導和尚說：專修的，百即百生，千即千生。（這兩句的意思，就是一百個人修，就一百個人往生。一千個人修，就一千個人往生。）雜修的，就百中難得有一、二個往生了。可見得，雜修實在是很不相宜。況且，現在念阿彌陀佛的名號，正是一心求生西方的時候，怎麼可以夾雜別尊佛號在裏面呢？要曉得，念佛的主意究竟是為什麼？不是為了要求生西方了脫生死嗎？既然要求生西方了脫生死，就應該要把這污穢的身體看得很討厭，希望能夠早一天丟開這個臭皮囊，脫離這個惡濁世界，生到極樂世界去。在那蓮華裏現出清淨光明的身相來，才是快活，才是福氣，才是真正的消災、真正的延壽，怎麼還要貪戀這污穢的身體，要求消災延壽呢？

楊次公說：愛不斷，不出娑婆。念不一，不生極樂。（這個一字就是一心、歸一的意思。）在這污穢的身體上求消災、求延壽，這種心不就是愛不能夠斷嗎？念了西方接引佛後，忽然又念兩句東方佛號，不就是念不能夠一嗎？這樣的念法，怎麼能夠逃出娑婆世界，生到極樂世界去呢？

照我的意思，真是修淨土法門的人，就是碰著有喜慶的事情，同道的人來慶賀他，替他念普佛，也應該專門念阿彌陀佛，幫助他修成淨因，（修往生西方極樂世界，叫修淨土，也可以叫修淨業。淨因就是修這種淨業的因。）才是道理。苦是我們的善知識，（善知識，是有正當知識的人，就是肯勸人念佛修行的人。）越是受苦，越是能夠提起厭離娑婆，求生極樂的心來，所以，不必替他求消災。老是八苦裏的一種苦，祝他延壽，不是教他多受老苦嗎？有什麼好處呢？況且，一切諸佛共同的一個法身，功德威神力也都是同等的，專門念阿彌陀佛，其實就是十方三世一切諸佛都念到了。觀無量壽佛經上說，見了阿彌陀佛，就是見了十方一切諸佛。修觀和持名法門，雖然是兩種，道理總是一樣的。所以念了阿彌陀佛，可以不必再念別尊佛號了。就是說要消災延壽，念了阿彌陀佛，也就可以消去生死的災難，得著無量無邊阿僧祇劫的長壽，哪裏有眼前的災不能夠消、眼前的壽不能夠延的道理呢？講真實的道理，一切的法，都是自己的心造出來的。只要自己的心裏不去造十種惡業，能夠修十種善業，那麼，災也不必求消，自然諸事吉祥，壽也不必求延，自然無病長年，何況是再能夠念佛修行呢？

我說這許多話，並不是教人不要念藥師佛，不過是說在這一節專修淨土的功課裏夾雜念這幾句，實在是不相宜的。要念藥師佛，應該另外提出來做一種功課念，或是念一兩串念珠，或是念幾百聲、幾千聲，念完了，把功德回向一切眾生，願意他們一切的災難都完全消去，能夠延長壽命，發起修道的心來，一同生到極樂世界去，才合了淨土的修法。

有人道：你說單念阿彌陀佛叫做專念，念了別尊佛就算是雜念。照這本朝課所定的功課，只念三句南無消災延壽藥師佛，你已經嫌它雜念，倘若再另外提出來多念，不是更加雜念了嗎？

我道：你還沒有明白我所說的專念、雜念的道理。**專念**，是說心思的專一。**雜念**，是說心思的夾雜。大凡一個人做事情，總有一種意思，譬如我們念阿彌陀佛，那意思就是求生西方極樂世界。因為阿彌陀佛是極樂世界的教主，所以求生極樂世界，一定要專念阿彌陀佛，念別尊佛，恐怕總是另外有別種意思。有了別種意思，那就是心思不專一，就叫雜念了。像原定的功課是念西方三聖名號，中間加出念三聲藥師佛來，意思不是求消災延壽的嗎？消災延壽也沒有什麼不可以求，譬如有了災難，就不免要障礙他的修道。那麼，為了要修道方便，消災是應該求的。或是恐怕修淨業的功夫還淺，還不能夠決定生西方就先死了，所以要求多活幾年。那麼，為了要淨因純熟，延壽也應該求。照這樣的意思念藥師佛，仍舊還是求生西方的主意沒有變。所以，雖然不是往生的正行，卻也是往生的助行，（**正行**，是修行人所做的正主的功夫。**助行**，是做幫助的功夫。）故不能夠說它是雜念。

但是，念這三聲藥師佛的人，恐怕不一定都是這種念頭，而是只曉得愛惜自己的色身罷了。愛惜這個色身，那是生西的大障礙，這種雜念，萬萬不可以有，好容易念了許多聲阿彌陀佛，可以成功一種淨因了，忽然去提起愛惜色身的心來，把這無漏功德變做了有漏功德，（**無漏**，是沒有漏掉的意思，是說出世法的功德。**有漏**，是說的世間法功德）所以，我說實在是不相宜的。

講到我說的另外提出來念，把功德回向一切眾生，替他們懺悔罪業，發願求生淨土，那是和阿彌陀佛的本願相應的，也就是修的普賢行願，（普賢行願，是普賢菩薩所發的願心，普賢菩薩的願心是把所修的功德都回向眾生的。我們現在也把修的功德回向眾生，是和普賢菩薩的行願一樣，所以說，就是修普賢行願。）這叫做發菩提心，其實是淨業的正因。這樣的念藥師佛和念阿彌陀佛，可以算得是一樣的功德，不可以說是雜念了。

還有一層，照我的意思，念藥師佛，應該要照本願經上（本願經，就是藥師本願經，簡略說來，就叫本願經。）念藥師琉璃光佛的，因為消災延壽是佛的本願，只要念了佛號，自然就會和佛的願心相應，不必要把佛號改做消災延壽藥師佛的。

南無觀世音菩薩！　念三聲

（ㄋㄚˊ ㄇㄛˊ ㄍㄨㄢ ㄕˋ ㄧㄣ ㄆㄨˊ ㄙㄚˋ）

楞嚴經上說，觀世音菩薩在無數恆河沙劫之前，供養觀世音佛，發了菩提心，佛教菩薩修耳根圓通法門，（觀世音菩薩本來是從耳根上用功得道的，所以稱觀世音。這個**觀**字，不是看的解釋，是觀察的意思。**圓通**是說從耳根用功，雖然說用耳根用功，但是，並不用耳去聽外面的聲音，是用耳反過來向裏面聽。因為一個人不論聽到什麼聲音，大家只曉得是用這個有形狀的耳朵去聽，其實不是的。若是有形狀的耳朵能夠聽，那麼，一個人死了，這個有形狀的耳朵還仍舊存在，但為什麼就聽不見了呢？

可見得能夠聽聲音的，其實並不是有形狀的耳朵，是另外有一種叫**聞性**，就是能夠聽的一種本來有的性。要曉得一個人能夠看到東西、聞到香臭、嘗到苦辣、感到冷暖、知道苦樂，都不是靠這肉體上的眼、鼻、舌、身、意，其實都是靠這種**見性**、**嗅性**、**嘗性**、**覺性**、**知性**。不只是聽靠聞性，不靠這有形狀的耳朵，還要曉得，一個人所以心不清淨，妄想很多，就因為這耳根被六塵擾亂的緣故，若是能夠反回來向自己的心觀察，那就覺得本性很清淨，沒有一些可以擾亂，並且反回來一心一念觀察自己的心，那外面的聲音也自然聽不到，心就不全被外面的境界擾亂。

照這樣的用功方法，日子長久了，那外面的塵障就都消盡了，裏面的智慧就都圓滿了，就可以證到佛的三德、四智等一切的妙法了，這就是觀世音菩薩自己修行的方法。這種道理，和心經上所說成佛的方法完全在這個心的道理，很有關係，所以，我在這裏補充。這裏不過說從耳根修行的一種法門，還有五根，也是一樣修法的。若是要曉得詳細的說法，可以請一部智者大師所做的楞嚴經玄義來看看。

楞嚴玄義是專門解釋楞嚴經的道理，楞嚴經裏面就有講觀世音菩薩修耳根圓通的方法。一心一念觀察自己的心，那外面的聲音也自然聽不到。這一句話，大家不要不相信，我們常常有的。正在一心一念想一件事情的時候，旁人的說話就聽不到，這可以試試看。塵障就是六塵的障礙，要曉得詳細的道理，可以看心經白話解釋，講得很明白。）從這個法門上證得自己的心性，成功三十二種應身，十四種無畏功德。（三十二種應身，和十四種無畏功德，在楞嚴經 面說得很明白，這裏不能夠詳細講了。）所有十方世界苦惱的眾生，只要一稱菩薩的名號，菩薩就會追尋這個聲音來救度他的苦。有這樣的大慈力，所以，觀世音佛就在大會 授記稱觀世音菩薩。

地藏菩薩本願經上，（地藏本願經，就是地藏經。）釋迦牟尼佛說：觀世音菩薩和我們娑婆世界有大因緣，所有六道眾生能夠聽到觀世音菩薩的名號，或是見著觀世音菩薩的形像，愛慕觀世音菩薩的、讚嘆觀世音菩薩的這種眾生，決定永遠不會退失道心。法華經上說：持觀世音菩薩名號，和持六十二億恆河沙菩薩的名號一樣的福德。蓮池大師編的往生集裏面，供養觀世音菩薩像、念觀世音菩薩名號的人，往生極樂世界的也很多、很多。

南無大勢至菩薩！

念三聲

觀無量壽佛經上說：只要看見這尊菩薩身上一毛孔的光，和看見十方無量諸佛的淨妙光明一樣，所以稱**無邊光**。（就是光大到沒有邊際的意思。）用大智慧的心光，周遍照到十方一切世界，能夠使苦惱眾生脫離三惡道的苦，得到佛種種無上的大力，所以稱**大勢至**，（就是勢力很大的意心。）別種經裏也有稱得大勢的。

各寺院裏塑的西方三聖像，中間是阿彌陀佛。上首的一尊菩薩，頭上戴的天冠裏有一尊立的佛像，那是觀世音菩薩。下首的一尊菩薩，天冠頂上露出一個寶瓶的，就是這位大勢至菩薩。楞嚴經上，大勢至菩薩自己說：在恆河沙劫之前，有一尊佛名號是超日月光，教我念佛三昧。我就用念佛的心得到了無生法忍，現在在這個娑婆世界上接引念佛的眾生，生到極樂世界去。可見得這尊菩薩最是提倡念佛法門的。受記經 面說，（受記經，是一部佛經的名稱。）將來阿彌陀佛涅槃後，觀世音菩薩成佛，名號是**普光功德山王佛**。這普光功德山王佛涅槃後，就是大勢至菩薩成佛了，名號是**善住功德寶王佛**。

有人問道：怎麼阿彌陀佛還有滅度的時候呢？

我回答他道：那是一般同佛緣盡的眾生，自己識心上現的這種滅度的相，並不是佛真的滅度。只要看這受記經上面說的：阿彌陀佛涅槃後，或有眾生不見佛者。有諸菩薩得念佛三昧，常見阿彌陀佛。

既然說阿彌陀佛是涅槃了，又說得念佛三昧的菩薩仍舊常常看見阿彌陀佛。可見得佛涅槃的相，只是那些緣盡了不能夠見佛的人自己識心上妄現出來的，並不是真的涅槃。就像金光明經上，相菩薩疑心釋迦牟尼佛的壽怎麼只有八十年？當時東方的阿閦鞞佛，南方的寶相佛，西方的無量壽佛，北方的微妙聲佛，一齊現相向性相菩薩說道：一切的海水，可以曉得它是幾滴。一切的須彌山，可以曉得它的斤兩。一切的大地，可以曉得它微塵的數目。（大地，就是所有的地。這一句，是說把所有的地都研成極碎，像微細的灰塵那樣小，也還以算得出數目。）虛空的分界，還可以盡它的邊際。只有釋迦牟尼佛的壽，沒有數量可以計算得出。

可見得雙樹涅槃的相，也是我們福薄的眾生自己識心上妄現的了。所以，智者大師入了定，就看見釋迦牟尼佛還在靈山說法。（這件事是在法華經本事品上的，要曉得清楚，可以查法華經來看看。）照這樣看起來，所有一切的佛，實在都是常住不滅的，還有什麼疑惑呢？

南無清淨大海眾菩薩！ 念三聲

這一句是把所有極樂世界的人，除了三聖，還有一切的菩薩、聲聞等都包括在裏面了。凡是極樂世界的人，都是從蓮華裏生出來的，都有一種光明的身相，不像這個世界上的人血肉污穢，所以說是清淨。還有一層，極樂世界都是諸上善人，（諸上善人，是許多上等的善人。）沒有惡濁的心念，所以說是**清淨**。

大海眾三個字，是比喻菩薩的多，像那大海的水算不出它的滴數來。照阿彌陀經上說：阿彌陀佛有無量無邊的聲聞弟子，都是阿羅漢，不是用算法能夠算得出他的數目來，只可以說是無量無邊阿僧祇那麼的多。菩薩大眾，也是這樣多的，而且，不但是菩薩大眾，是連那聲聞大眾也一起在裏面。因為極樂世界的聲聞不過是暫時證的小果，終究是要回心向大的，（回心向大，就是把本來的小乘心回轉來，歸向到大乘上去，佛法大意裏面詳細講過的。）所以也就是菩薩。

念這一句，是表明願意和諸上善人聚會在一處的意思。

十大願

一者、禮敬諸佛。

念這一句之前，先要加弟子某某發願六個字，（某某，就是用自己的名字。有法名的，用法名更好。沒有法名，就用平常用的名號。）那麼，就是念的人發的願，更加切實，功德也就更加大。從這一句起，直至後面的十者普皆回向總共十句，叫做**十大願王**，出在華嚴經最後的**普賢行願品**上，是普賢菩薩教華藏世界的許多菩薩，（華藏世界，在下面同登華藏玄門一句底下，會詳細解釋明白。）和善財童子，發這十種大願心，回向求願往生極樂世界。現在把這十句定在朝課裏面念，也就是發願求生淨土的意思。

這十句發願的話，都是照普賢行願品上原來的文字。一者就是說第一種大願心。**禮**字就是上面講過的接足頂禮。**敬**字是一心恭敬。拜佛全在恭敬，能夠誠心恭敬，妄想自然可以熄滅，妄想熄滅，才能夠和佛心相應。若是不恭敬、不誠心，身體雖然在拜佛，心裏儘管起種種妄想，那功德就很少了。若是起了惡念，那就不但是沒有功德，反倒有褻瀆佛菩薩的罪孽哩！**諸佛**兩個字，是把所有十方三世一切的佛都包括完全。

照事相上說，單講十方和三世，已經是無窮無盡的了，（窮盡兩個字，都是完結到底的意思。無窮盡就是多到沒有完結的意思。）況且，十方的世界，每一個世界就有無窮無盡的微塵。每一微塵裏，還有無窮無盡的世界。一微塵無窮無盡的世界，還各有無窮無盡的微塵。那些微塵裏，又各有無窮無盡的世界。（**微塵**，是最小的東西，哪裏知道這樣小小的東西裏還有無窮無盡的世界？這種道理，不是我們凡夫所能夠想得到的，只要相信佛菩薩說的話，一定不會錯的，將來自己修到這個地位，就會明白了。）像這樣一重、一重，（譬如一間房裏四面都掛了鏡子，就現出一重、一重無窮無盡的相來了。心光現的世界相也像這個樣子的。所以，佛經上往往用鏡子來比喻心。這面鏡子的光照那面鏡子，那面鏡子的光照這面鏡子，在面面鏡子裏，都看見供了一尊佛，一個人在禮拜。）永遠沒有窮盡的。這些世界，照三世說，每一個世界裏就有無窮無盡的佛了，（因為三世的時候沒有窮盡，所以，三世的佛也沒有窮盡。三世的時候所以說沒有窮盡，因為過去之前還有過去，可以一直推算上去，將來之後還有將來，也可以一直推算下去。）這眾多的佛，怎麼能夠都禮拜恭敬到呢？

若是懂得唯心的道理，那麼，所有這許多的佛，都是自己的心現的相。既然自己的心能夠現出這許多佛的身相來，自己的心也一定能夠現出許多自己的身相來，並能夠在每一尊佛前都現出自己的一個身相來。那麼，有無窮無盡佛的身相，就有無窮無盡自己的身相。每一個自己的身相，就禮拜恭敬一尊佛，有無窮無盡自己的身相，就禮拜恭敬無窮無盡的佛。那麼，現在自己禮拜恭敬一尊佛像，就是把十方三世所有一切諸佛都完全禮拜恭敬到了。若是講到理性，那無窮無盡的佛其實就是一尊佛。自己無窮無盡的化身，其實也就是一個身。

能夠照上面所說的那樣想念，那樣的禮拜恭敬，才合那普賢菩薩的行願。這個禮拜恭敬諸佛的大願心，要是虛空界盡了，眾生界盡了，眾生的業盡了，眾生的煩惱盡了，我這個願心才可以算盡。但是，虛空等四種的法，（四種法，就是指上面所說的**虛空界**、**衆生界**、**衆生的業**、**衆生的煩惱**四種。）都是永遠沒有盡的。那麼，我的願心也永遠沒有盡了。這種願心，一念一念的接連不斷，叫做普賢行願。像唐朝的僧衍，每天拜佛一千拜，也可以算是修普賢行願了。（上面所說的十方三世，不只是第一個願應該要禮敬十方三世一切的佛，就是下面九個願，也都要把十方三世一切佛一齊包括在裏面。譬如稱贊供養，十方三世一切佛也應該一齊稱贊供養。懺悔，也應該把三世的業一齊懺悔。現在把這種道理在第一個大願裏面說明白，下面的各種願就可以不說，並不是說下面各種願可以不包括十方三世。）

二者、稱讚如來。

這一句是第二個大願心。**稱**是稱揚，**讚**是讚嘆。**如來**兩個字，是佛的一種德號。（在夜課裏面會詳細解釋。）單就這一句看起來，像是只稱讚眼前的佛，但是，照經文上面講，也是包括十方三世一切佛。華嚴經上，法慧菩薩頌初發心菩薩的功德（頌字是稱贊的意思。**初發心菩薩**，是剛剛發大願心的修行人。發大願心的修行人，可以稱做初發心菩薩的，其實就是圓教的初住菩薩。）說道：過去未來現在佛，一切緣覺及聲聞。分別解說不能盡，發心菩薩諸功德。這四句偈的意思，是說三世諸佛和三世的一切緣覺、聲聞，分別解說初發心菩薩的種種功德，沒有方法能夠解說完了。初發心菩薩的功德，尚且稱讚不盡，何況是佛的功德呢？所以，金光明經上說：假使用一千個微妙的舌根在一千個大劫裏來讚嘆一尊佛的功德，還說不到極少的一小部分，何況是要稱讚諸佛的功德呢？譬如：從地面上起，一直到最高的天都積滿水，還可以用方法推究出水的滴數來。但是，沒有方法可以曉得佛的一種功德。

照這樣說起來，佛的功德怎麼能夠稱讚得盡呢？一尊佛的功德已經是稱讚不盡，何況稱讚十方三世無量無邊的佛呢？

就是說每一尊佛前，現出了自己無量無邊的化身來，每一個化身，都有超過辯才天女的微妙舌根，（天雖然只有二十八天，但是天還有種種的名稱，講到天上人的名稱，更加多得不得了，哪裏都能夠曉得呢？這裏所說的辯才天，也是一種天的名稱，在金光明最勝王經裏面，有一品叫大辯才天女品。辯才天女，是辯才天上的女人口才最好的，現在是拿來比喻的意思。就是說，哪怕你口才比辯才天女還要好，也稱讚不盡佛的功德。金光明最勝王經，是一部佛經的名稱。）用了種種微妙的聲音，說那種種微妙的偈頌稱讚佛的不可思議的功德，哪怕稱讚了無量無邊的劫數，還是稱讚不盡的。所以這個願心，永遠沒有窮盡。

三者、廣修供養。

這一句是第三個大願心。**供**是供奉、供獻。（就是用種種香的、好看的、好聽的、光明的、少有的東西、衣服、食品、用品，拿來供佛菩薩。）**養**是孝養。（孝養，就是孝順服侍的意思。）佛是一切眾生的大導師，（導師，是指導眾生的師父。）所以應該要供奉的。佛又是一切眾生的大慈悲父，所以應該要孝養。**廣修**兩個字，（廣，是多的意思。修，是整理、修飾、預備的意思。）就是說，能供養的東西無量無邊的多，所供養的佛，也是無量無邊的多，所以說廣修供養。

供養有兩種：一種是**財供養**——像那種種的華，種種的鬘，（鬘是帽子，印度的風俗，用種種的華來做成帽子，戴了好看，也算恭敬。所以，供養佛的東西裏，這種華鬘也算是一種要緊的東西。）種種的音樂，種種的傘蓋，（蓋，也就是傘。）種種的幢旛，（幢和旛差不多，也是做引導用的。不過，旛是扁的。幢是圓的，或是六角的、八角的，豎起來很高。）種種的衣服，種種的香，種種的燈，用這種種東西來供養佛，叫做財供養。一種是**法供養**——依照佛所說的正法修行，（正法修行，是依正當的法門修行。）利益一切眾生，教化一切的眾生，代一切的眾生受苦，精進地修種種善根，不捨去菩薩應該做的事業，不離開大菩提的心，這種都叫做法供養。兩種功德比較起來，財供養的功德遠不及法供養的功德。

像曇鸞和尚得到了菩提流支送給他的十六觀經，就把那先前得到的道家仙經燒了，一心的專修淨業。善導和尚看見了西河綽禪師的九品道場，說這真是成佛的捷徑，（捷字是快的意思。捷徑是走這一條路，可以最快到的意思。）就此一心念佛，絕口不談世俗的事情，這是依法修行的榜樣。

永明壽禪師，相傳說他是阿彌陀佛的化身，是禪宗的大祖師，也是淨土宗的大祖師，常常做施食、放生等種種的功德，把這種功德來莊嚴淨土。蓮池大師對那戒殺、放生的兩件事情非常的看重，做了一篇大文章，（叫蓮池大師戒殺放生父。）懇切地勸化世人，這是利益眾生的榜樣。

法照大師受了文殊菩薩的囑咐，盡力提倡念佛，在潮東寺開了五會念佛道場，（湖東寺，在湖南衡州府。五會，是每天有五次修持的時候，就是俗語叫做五堂功課。）感應得西方三聖都現出相來。又在并州開了五會念佛道場，（并州，就是山西省城，後來叫太原府。）感應到代宗皇帝的宮裏（代宗皇帝，是唐朝的一個皇帝。）都聽見念佛的聲音，後來奉代宗皇帝的命令，教宮的人念佛，也照他的五會念佛方法，所以，大家都稱他是五會法師。

少康法師在新定地方行化，（新定，就是浙江省嚴州府遂安縣。法師在離城數十里的烏龍山上，造了一座三層高的臺，設立佛道場。行化，是走到各處去化齋。）用一種方便法引誘那一班小兒念佛，念了一聲佛，就給他一個錢，到了一年後，新定地方的人，不論老的、小的，看見了法師總是念阿彌陀佛，整路上只聽見念佛的聲音，這是教化眾生的榜樣。

有常大師羨慕廬山蓮社的方法，在南昭慶寺（就是現在杭州的昭慶寺。）刺血寫華嚴經**淨行品**，（淨行品，是華嚴經各品裏面的一品。）代一切眾生懺悔罪業，結了一個淨行社做念佛道場。當時的宰相王文正公旦（旦，是王宰相的名字。文正是他的謚法。公是皇帝封他的爵位。謚法，是做過大官的人、有大功勞的人死後，皇帝挑選兩個好的字賜給他，叫做謚法，大家就把這謚法當名字那樣的稱他了。）也來入社，自己稱淨行弟子。僧眾入社的有一千多人，自從王文正公入了社，那些做官的人不論官大的、官小的也都來入社，總共有一百二十多人。省庵大師在杭州梵天寺，每年到佛涅槃的那一天，總是聚了在家、出家的人念佛供養。他做了一篇勸發菩提心的文，懇切得不得了，禮拜育王的舍利塔，（育王，是一座有名的寺院，在浙江省的寧波府）前後五次，燒香燃指，（燃指，是把一隻手指在佛前燒去，意思是用這隻手指來供養佛。這種事情，的確很至誠。但是，要真是能夠把這個色身看空了才可以做，不是可以隨便做的。）代一切眾生修法供養，人多說他是永明大師**再來**的。（再來，是已經修到證得無生法忍的人，再回到我們世界上來度眾生。）這是代眾生受苦的榜樣。

慈雲懺主修**般舟三昧**，（般舟，是梵語，翻譯成中文是佛立兩個字，意思是修了這種定功，就可以看見佛立在他面前。修的時候，不坐也不睡，白天到黑夜，黑夜到天亮。不是走，就是立，終不能夠坐，要九十天算一期，專門念阿彌陀佛。）九十天的辛苦，直到嘔出血，兩足的皮走得破開，他立心情願死，仍舊精進地修。忽然像是做夢，看見觀世音菩薩把手指點著他的口，引出幾條蟲來，菩薩的指頭上流出甘露來，灌到他的口裏，就覺得身體爽快，病也沒有了。這是精進修善根的榜樣。

道綽禪師，禪宗、教宗都精通的，一心地歸向淨土，一生一世和人家講經說法，總是勸人念佛的一個老主意。講那無量壽經、十六觀經和阿彌陀經，大約講了有二百遍。每天自己七萬佛號的常課，還是一定做的。

法智大師精通天台宗的止觀法門，（止觀法門，是天台宗定出來的一種修行法門。）也是歸心淨土的。做的觀經妙宗鈔，（觀經妙宗鈔，是一部解釋十六觀經的書。）說的觀心、觀佛的道理很明白切實，每年的二月十五那一天，開一個念佛施戒會，修那布施、放生種種的功德，入會的人常常超過一萬多人。這是不捨菩薩業的榜樣。

智者大師是天台宗的開宗祖師，（開宗，是開創一種宗派的意思。因為天台宗是智者大師創立出來的，所以稱他開宗祖師。）做的淨土十疑論，（淨土十疑論，是一部講淨土的書。）破去人家對念佛往生的各種疑心，堅固人家的信心，功德不可思議，他一生坐的地方從沒有背對西方的。志通法師因為看見了智者大師的淨土儀式，（儀，就是禮節。式，就是樣式。淨土儀式，是說修淨土法門的各種禮節樣式。）心裏十分歡喜，就此也不對西面唾，不背西面坐，專心地念佛求生西方。這是不離菩提心的榜樣。（上面所說的種種榜樣，除了精進修善根一種外，都可以算是六度裏的法布施。）

上面所說的諸位大師，都是修法供養，沒有一個不是往生西方的。若是能夠學他們的修法，那是真正的能夠供養佛了。其實一句南無阿彌陀佛，種種的法供養都在裏面了。一心念佛，不是依法修行嗎？功德回向法界，不是利益眾生嗎？自己精進念佛，給人家看做榜樣，不是教化眾生嗎？念念替一切眾生懺除罪業，不是代眾生受苦嗎？天天拜佛、念佛，不是勤修善根嗎？念這一句佛號，六度萬行完全具足，（在佛法大意裏面，這種具足的道理大略已經說明過了。）不是不捨菩薩業嗎？念佛求生西方，完全為的是成佛度眾生，不是不離菩提心嗎？所以這個念佛法門，實在真是法供養哩！

法供養是要緊的，但是那種財供養，實在也是少不得。照經上面說，所有各種供養佛的東西都要像須彌山、大海水一樣的多。不明白道理的人一定要疑惑：哪裏能夠有這樣多？一定沒有這回事。其實，要用那種像須彌山、大海水的供養東西供養一切諸佛，只要能夠生到極樂世界去，就都可以辦成了。

因為阿彌陀佛四十八個大願裏，第二十三願說：國土裏的菩薩，吃一頓飯的時候，能夠周遍到無數無量億那由他佛國裏去供養佛。第二十四願說：國土裏的菩薩，在十方諸佛那裏修供養功德，一切供養的東西要什麼就有什麼，沒有不稱心如意的。所以，只要能夠往生到極樂世界去，就可以真的照普賢行願的供養法，供養十方三世一切的佛了。要曉得，一切的法相都是自己的心變現出來的，要大就大，要多就多，沒有一定的。因為那種大的相、多的相，都是全部的心量造的，並不是造大的相加多些心量，造小的相減少些心量，一樣都是完全的心量，所以，實在是大小不二的。

信心銘上說：（信心銘，是一部佛書的名稱。）極小同大，忘絕境界。

極大同小，不見邊表。意思是說，極小的東西，和極大的東西是一樣的，不可以執著境界相。極大的東西，和極小的東西也是一樣的，都是看不見邊際的，（看不見邊際，就是看不到窮盡的地方。）就是講這大小不二的道理。既然是大小不二，那麼，就是可大可小了。只要看隋朝的道喻法師他造的阿彌陀佛像，只有三寸長的樣子，後來他在念佛的定心裏，看見阿彌陀佛向他說道：你造我的像，為什麼這樣的小呢？他回答道：心大就大，心小就小。說完了這句話，就看見那尊佛像的身相遍滿了虛空。可見得相的大小，實在是隨心轉變的。

從前學射箭的人先要練眼光：把一個蝨子放在面前，眼睛看定了牠，看的功夫長久了，這個蝨子的相就覺得漸漸地放大了，一直要看到那個蝨子像車輪一樣的大。這是從功夫上來的，並不是眼花。練成了這種眼光，他看小的東西都變做大的。因此，能夠隔開一　步遠的路射穿楊柳的葉子。這不是大小沒有一定的證據嗎？（這很容易試，你可以拿一粒芝麻放在桌上，儘管向它看定了，看得時候長久了，也會覺得它漸漸地放大。）不僅是小的東西可以變做大的，也可以從一件東西裏變出無數的各種東西來，這是唯心的妙理。（妙理，就是很好、很巧妙的道理。）現在我們凡夫雖然沒有真實能夠轉變東西的大神通，但是，也應該照這種真實的道理來作觀。怎樣的作觀法呢？

譬如：我們做功課總是先在佛前燒香，存心想那一線的香煙騰到了虛空去，結成了無數的幢旛、寶蓋，種種莊嚴的東西遍滿在虛空裏，一種一種的東西，都好像有一座大山那麼多的樣子。想定了這種樣子，就把這各種的東西分散到十方世界去供養微塵數的佛。

再想這各種東西到了佛前，還現出種種的變化來——寶幢裏生出無數青色的蓮華來，寶旛裏生出無數紅色的蓮華來，寶蓋裏生出無數黃色的、或是白色的蓮華來。各種的蓮華臺上，還生出種種的東西，或是寶瓶裏都是甘露，或是寶鉢裏都是食品，或是寶盆裏有各種的金銀七寶，或是寶盤裏有各種的天冠衣服，或是寶燈點得很亮，或是寶爐燒的好香。每一尊佛前都有自己的化身，也是很高大的，把那變現的各種東西一齊供養佛。要照這樣的想法，那就是十六觀經上說的：**是心作佛，是心是佛**的道理了。

用心來想佛現出相來，尚且說就是真佛，那麼，用心來想現出各種東西來，自然也就是真的東西了。若是分身供養十方世界諸佛的相想不成功，那麼，就單單用心來想各種東西供養面前的佛也是好的。

金光明經上說的：若供養我，則是供養過去、未來，現在諸佛。因為一切的佛，其實總是一個法身，所以懂得這種道理的人，供養一尊佛，就和供養十方三世一切諸佛一樣，沒有分別的。若是能夠觀想成功，從自己作觀的心裏清清楚楚地現出各種東西的相來，那麼，就是實在有了那各種的東西了。像這樣的財供養，也可以算是法供養，這種觀想的心，要一念、一念的沒有間斷，才可以算是合了普賢行願。

四者、懺悔業障。

這一句是第四個大願心。**懺**字是求消滅從前已經造的罪業。**悔**字是立願後來不再造罪業。罪業的造成，都是從貪、瞋、癡的煩惱心上來的。因為意根裏發動了貪、瞋、癡的惡心，口裏就造出妄言、綺語、兩舌、惡口的種種惡業。身上就造出殺生、偷盜、邪淫的種種惡業。意是造業的因，身、口兩種是造業的緣。因緣和合了，各種的業就都造成了。造了惡業，一定要受種種苦報，那是障礙解脫的道理，所以說是**業障**。

一個人從有了這個身體後，經過了無量無邊不可說不可說的劫數，還是在輪迴，不能夠了脫生死，就是因為有業障的緣故。一世裏不曉得要造多少的惡業，那麼，過去的無量無邊世裏面，所造的惡業還可以算得清嗎？所以經上面說：若是這種惡業有體質相貌，盡十方的虛空裏也要放不下去了。再不曉得趕緊認真懺悔，怎麼能夠了脫生死呢？

懺悔的方法，最好的一種是作法懺。還有兩種：一種是取相懺，一種是無生懺。（三種懺法，在前面七佛滅罪真言底下都講過。）現在這普賢行願是講實事的，所以，經上說懺悔的道理，要用心想自己的化身周遍在那十方微塵世界的一切佛菩薩面前，用清淨的三業來恭敬供養，（三業，就是**身業**、**口業**、**意業**。三業都是善的，不是惡的，所以叫清淨三業。）說明自己所造的種種罪業，誠心懺悔，立願從今日起，永遠守定清淨的戒法，修一切的功德，不要說重大的惡業，就是連那微細的惡業也永遠不再造。這種懺悔的願心，也是要一念一念地接續不斷、永遠沒有窮盡的。

其實，懺悔的方法最好是一心念南無阿彌陀佛，照十六觀經上說：志心念佛一聲，（志心，是一心誠心的意思。）就能夠消滅八十億劫的生死重罪。那麼，天天地念，時時刻刻地念，哪怕罪業多，總也可以念到都消滅盡的。所以念佛實在是懺悔業障的第一個好方法。

五者、隨喜功德。

這一句是第五個大願心。**隨**字有兩種意思：一種是隨順，就是依照佛所做的種種事情完全都要學做的意思。一種是跟隨，就是旁人修種種功德，我都跟隨他生歡喜心，讚嘆他的功德，就叫做隨喜功德。

功德有有漏、無漏兩種的分別。漏有三種：一種叫**欲漏**，是貪欲心的。一種叫**有漏**，是有執著相的。一種叫**無明漏**，是沒有明白真正的道理的。有了這三種，就像是一件東西穿漏了的樣子，做的功德像漏掉了，沒有大用處，所以叫**漏**。凡夫修的種種功德都是有漏功德。三乘聖人修的功德叫亦漏亦無漏。（這一句是說：也是有漏，也是無漏。因為聲聞、緣覺雖然破了見思惑，但塵沙、無明還沒有破，不能說是完全無漏。菩薩雖然破了塵沙惑，但是，無明還沒有破盡，也不能說是完全無漏。所以只能說是亦漏亦無漏。）唯有佛的功德才是完全無漏功德。

現在所說的隨喜，是不管他有漏、無漏的功德都要隨喜。並且，不只是隨喜一世界裏四聖、六凡的種種功德。也不只是隨喜現在一世的四聖、六凡的種種功德。直要把所有十方三世的一切四聖、六凡的功德都發心隨喜。發這樣的大願心，一念、一念地永遠不斷，所以稱做普賢行願。

就事相上看起來，要照這樣的隨喜法，像是很不容易，其實所有十方三世的一切境界，都收在那現前一念的心裏。所以，發一念隨喜世間、出世間一切功德的心，就是把所有十方三世的一切聖人、凡夫的功德完全都隨喜了。這種隨喜的心念念不斷，實在是功德不可思議的。

法華經上有一品叫隨喜功德品，單講隨喜聽法的一種，尚且有無量無邊的功德，何況是所有一切的功德都發心隨喜呢？隨喜旁人的功德，差不多就像是自己修的功德一樣，那就十六觀經上說的三種福，（三種福，在佛法大意裏面都說明過。）大寶積經上說的十種心，（十種心，第一、對一切眾生生大慈心，沒有傷害眾生的心。第二、對一切眾生生大悲心，沒有逼迫惱怒眾生的心。第三、對佛的正法肯捨命去保護。第四、對一切的法發種種的忍耐心，把這個心安住在正道理上，沒有執著的心。第五、不貪旁人來供養我、恭敬尊重我，專門羨慕佛的道理。第六、求佛的一切種智，不論在什麼時候沒有退失的心。第七、一切眾生都尊重恭敬，沒有看輕的心。第八、不管世俗上的種種議論，一心要修這七菩提分。第九、種一切的善根，自己只有這個清淨心，沒有一些旁的雜亂念頭。第十、對十方三世一切佛，儘管起念佛的心，但是，不著在佛的相上。不著在佛的相上就是沒有執著的心，這就叫做**離相念佛**。

上面所說的十種心，只要能夠成功一種，就一定可以往生極樂世界了。一切種智，在佛法大意裏面詳細講過。七菩提分：一是擇法，就是辨別各種法的邪正。二是精進，就是盡力地修行用功。三是喜，就是喜歡得到了真正的道理。四是除，就是斷除種種的煩惱。五是捨，就是捨去一切虛妄的事情。六是定，就是用定的功夫。七是念，就是常常把這個念頭放在定和慧的上面，使得定、慧均平，沒有一些些的偏。這七菩提分的詳細解釋，在阿彌陀經白話解釋裏面彼國常有種種奇妙雜色之鳥一節底下有。）都可以收在這一念的隨喜心裏了。照這樣地發心，哪有不往生到極樂世界去的道理呢？

六者、請轉法輪。

這一句是第六個大願心。**輪**是車輪，車是能夠裝載人的，（載，也是裝的意思。）車輪轉動了，能夠載人從這邊送到那邊去——比喻諸佛的說法能夠教人離苦得樂，了脫生死，證著涅槃。也像那車輪轉動了，裝載眾生離開這邊不安樂、有生死的世界，送到那邊又安樂、又了脫生死的世界去一樣，所以叫做**轉法輪**。

佛的說法，照規矩總是先要人請求才說。像法華經上，大通智勝佛得了佛道，十方的許多梵天王都說贊佛的偈，就請佛說法。又有十六位王子，（王子，是國王的太子。）也請大通智勝佛說法，大通智勝佛受了他們的請，說了幾回法，度脫了無量無邊的眾生。這樣不可思議的功德，都是請轉法輪的人發起成功的，所以，請轉法輪的功德實在是很大、很大的。十六位王子，就因為請了大通智勝佛轉法輪的功德，後來就都成了佛。釋迦牟尼佛和阿彌陀佛，就是十六位王子裏的兩位。（釋迦牟尼佛和阿彌陀佛沒有成佛之前，都做過國王的太子。）現在我們能夠為了救度一切眾生，發這種請一切諸佛轉妙法輪的大願心，那麼，將來也自然一定可以成佛了。

照道理說起來，十方世界無量無邊，各個世界上的微塵更加是無量無邊，每一點微塵裏，還各包含著無量無邊的世界，一重、一重的包含，都是無量無邊的。三世的時劫無窮無盡，各個時劫裏的剎那更加是無窮無盡，每一個剎那裏，還各收攝那無窮無盡的時劫，一重、一重的收攝，還是無窮無盡的。（這種道理很深，不容易明白，總之，佛的道理不論什麼，沒有一定的相。時劫不可以說它一定是長，剎那不可以說它一定是短，說呆了，就著了相。看的人只要認定佛說的道理不會錯，等到自己功夫深了，就會明白。）這樣的十方三世的相，都在自己現前一念的心裏，所以，每一念起，自己的心裏總有不可說不可說的佛得道證果的。這樣許多、許多的佛成道，我都應該要做一個請轉法輪的人，那麼，功德就大得不得了了。

能夠發這樣的大願心，念念不斷，曉得自己的心和一切諸佛的心融通無礙。（自己的心就是諸佛的心，諸佛的心就是自己的心，所以說融通無礙。）

自己是諸佛心裏的眾生，諸佛是自己心裏的佛，雖然心不能夠見到心，但是心心相通，自己誠心代一切眾生請求，十方三世諸佛的大慈悲心，一定都能夠受我的請，永遠地常轉法輪。

七者、請佛住世。

這一句是第七個大願心。請佛住世，是請求佛身常住在世界上教化眾生，不要現入涅槃的相。佛有三種身：

一種是**法身**，沒有形相的，是一切法平等的真如實性，那是無始無終，（無始，是沒有起頭。無終，是沒有完結。）沒有什麼住世不住世的。一種是**報身**，是三大阿僧祇劫修了無量無邊的福德智慧，莊嚴成功的那種清淨光明的身相，那是常住不滅的。報身有兩種分別：一種叫自受用報身，（是佛證得法樂，自己得到種種受用的身。法樂，是修了種種法，功德圓滿得到的樂，不是世界上貪慾的樂。）住的是常寂光土。（常寂光土和下面的實報莊嚴土，小注 的方便有餘土、凡聖同居土，在佛法大意 面都有解釋。）一種叫他受用報身，（是佛要化度眾生，使得眾生得到受用，所以應現這種的身相。但是這種報身是對那初地菩薩現的。）住的是實報莊嚴土，不是住在我們凡夫住的世界上的。（凡夫住的世界上，也有聖人來現身說法化度眾生的，所以叫做凡聖同居土。二乘和沒有證著法身的菩薩住的叫做方便有餘土。連上面所說的常寂光土、實報莊嚴土，總共是四種土。每一個世界，都有這四種土的相。其實四土只是一土，不過是各就自己的心性，看見那現出來的相不同罷了。）一種是**應身**，那是專門為了化度眾生，在世界上隨緣現的相。

現在所說的請佛住世，是指應身佛說的。應身也叫做**化身**，譬如像釋迦牟尼佛，那就是應身佛的名號。法身佛稱做**毗盧遮那**。報身佛稱做**盧舍那**。（釋迦牟尼佛、毗盧遮那、盧舍那等各種解釋，在阿彌陀經白話解釋裏面佛說阿彌陀經底下都講清楚過的，要曉得明白可以查看。）每一尊佛的應化身都是很多、很多的，講起釋迦牟尼佛來，大都總說是千百億化身，那是依照梵網經上說的，其實還不止千百億哩！照法華經上的分身諸佛說起來，（分身諸佛，都是佛的應化身。）實在是無量無邊的。

應身佛的壽，長短不一定，和化度的眾生結的緣長，壽就長些。結的緣短，壽就短些。（照真道理講，佛的三身其實只是一身，所以，應身佛也是常住不滅的，只要看了法華經的如來壽量品和金光明經的壽量品，就曉得了。所說的壽長、壽短——佛是不生不滅、無量壽的，哪裏有什麼長短呢？這是和眾生的緣沒有盡，佛不現涅槃的相，就說是壽長了。和眾生的緣盡了，佛就現涅槃的相，就說是壽短了。這必須要明白，不可以弄錯。但是這種說法還是淺近的，實在的道理，下面就會講清楚。）化度眾生的緣分盡了，佛就現那入涅槃的相，不住在這世界上了。其實，這句話也還不是真確的，佛看一切眾生是平等的，佛的慈悲心叫做**無緣大慈，同體大悲**。（無緣大慈，是說佛的大慈心，雖然和眾生沒有緣，也發大慈心來一齊救度。同體大悲，是說佛的法身和眾生的法身是共同的，不是個別的。自己和他人沒有分別，所以看他人的苦，就是自己的苦。）既然是同體的，那麼，佛就是眾生，眾生也就是佛，哪裏還會有和佛沒有緣的眾生呢？就是說，果真有和佛沒有緣的眾生，但是佛度眾生，本來是用一種無緣大慈，沒有緣的尚且要度，還論什麼緣長、緣短呢？

華嚴經上，安住長者說十方一切世界的三世諸佛他都看得見，沒有一尊佛看不見的，但是沒有一尊佛入涅槃。法華經上說：為度眾生故，方便現涅槃，而實不滅度，常住此說法。我常住於此，以諸神通力，令顛倒眾生，雖近而不見。這幾句偈的意思是說，佛因為一般眾生若是看見佛常住在世界上，就要覺得佛是很平常的，常在世界上，沒有什麼稀奇，那就要不尊敬佛了，不肯生出至誠恭誠的心來親佛、信佛了。所以，方便地現出這種涅槃相來，好教他們曉得佛是不容易見到的。那麼，心裏自然就恭敬佛，能夠受教化。其實，佛並沒有入涅槃，仍舊還是在靈鷲山說法，不過是用神通，使那些妄想顛倒的眾生，就是近在那裏，也都看不見佛罷了。

照這樣說起來，我們的教主釋迦牟尼佛，其實是沒有入涅槃，但是我們卻是看不到佛的相，聽不到佛的說法。這是我們福德薄的大苦處，應該要曉得慚愧，真心懺悔自己的業障。照經上的說法，只要我們能夠至誠地一心求見佛，佛還會現相到這世界上來給我們看見。佛現相在這世界上，種種的災難苦惱都可以消滅。

所以這種請佛住世的願心，一定不可以不發的。從前傅大士和他的弟子，常常修種種的難行苦行，（難行，是不容易修的修行方法。苦行，是各種很苦的修行方法。）供養三寶，請佛住世，這是我們的好榜樣，應該要照樣學的。

講到佛不住在世界上，眾生的種種苦處，我們已經親身受著了。十方一切微塵的世界上的眾生，也和我們一樣艱苦，（佛在世界上，不僅是可以親口勸化眾生，也可以現出種種因果報應的事情來，使得眾生不敢做惡事情，惡人可以漸漸減少，善人可以漸漸增多。現在佛不出世，大家就看不到因果報應的事情，所以就放大了膽，常常做種種的惡事，所以說是眾生的苦處。）不曉得有多少哩！

我們也應該代大眾至誠哀求十方一切微塵的世界裏的佛，慈悲一切苦惱的眾生，常住在世界上，方便教化度脫眾生生死的苦，不要現那種入涅槃的相。不僅是應該請求一切諸佛不要入涅槃，也應該請求所有一切的善知識都不要入涅槃。為的是，好使一切眾生脫離種種苦處、得到種種樂處。這種大願，也是要常常存在心裏的。

八者、常隨佛學。

這一句是第八個大願心，菩薩的**四宏誓願**，（四宏誓願的宏字，是大的意思。誓字，是立誓，就是立願。四宏誓願，在夜課裏面有詳細解釋）都在這一句裏道盡了。發心學佛，就是願意要成佛道。佛從起初發心起，一直到成佛，修種種的難行苦行，直有三大阿僧祇劫的長久，也不過是學法門、斷煩惱兩件事情罷了。修到功行圓滿成了佛，在十方微塵世界裏坐一切的道場，轉一切的法輪，到那個時候，才是專門做度眾生的事情。所以，發學佛的心，就是發菩薩的四宏誓願，也就是發普賢菩薩的十大願王。

照經上說，若是想要成如來的一切功德，應該要修這十種廣大的行願。可見得一切的佛都是修了這十種大願才能夠成佛的。那麼，學佛不就是學修這十大願王嗎？這裏的隨字，是跟隨了佛學修一切的功德、不離開佛的意思。講因果的道理，種了什麼因，就結什麼果。所以，要想成佛，一定要依照佛所做的事情去做，那叫做種佛因、結佛果。

照釋迦牟尼佛所修的苦行講起來，那是布施的身體性命，真是不可說不可說的多了。為了要救度我們這班苦惱眾生，情願自己吃苦，求種種的妙法。剝了身上的皮，當做紙用。削了骨頭，當做筆用。刺了血出來，當做墨用，寫那各種的經典。總算起來，積得要像須彌山那樣的多哩！自己的身體性命，尚且肯為了法都拿來布施，那榮華富貴、金銀財寶就更加肯拿來布施了。所以，佛的恩德，實在是永遠報不盡的。

要想報答佛恩，只有照佛所做的事情去做，但是，這種捨身命的苦行，一定要證得了無生法忍，才可以學得來。這種無生法忍，不是容易證得的，像在這個世界上修行，惡緣多、善緣少，（惡緣，是惡的因緣。善緣，是善的因緣。就是所碰到的人，或是碰到的事情，都是惡的多、善的少，所以叫惡緣多、善緣少。）佛又是難得碰到，修修容易要退轉來，不曉得要修到什麼時候才能夠證到這種無生法忍？所以，淨土十疑論上說：初發心的凡夫，必須要常常不離開佛。大乘起信論上說：眾生初學這種法門，心裏膽怯，（膽怯，就是膽小。）恐怕住在這個娑婆世界上不能夠常常供養佛，難得成功這個信心。應該曉得，佛有勝妙的方便法：只要專心念西方極樂世界阿彌陀佛，把所修的善根發願回向，求生到那個世界裏去，就能夠往生。生到了極樂世界去，常常看見佛，所以，再也不會退轉來。照無量壽經上的說法，生到極樂世界去的人，都能夠一世修到等覺菩薩，這就是常常跟隨佛的好處。所以，要想學佛，一定要修淨土法門求生西方的。

有人道：經上面說十方三世一切佛世界裏微塵數的佛，有這麼多的佛，都應該要跟隨學，怎麼單跟阿彌陀佛學呢？

我道：無量壽經上，阿彌陀佛的四十八願裏面，第二十三願說：國土裏的菩薩，靠佛的威神力供養諸佛，若是一餐飯的時候，不能夠周遍到無數無量億那由他諸佛世界去，我就不願成佛。現在阿彌陀佛成了佛，這個願心一定滿足的。所以，一生到極樂世界去，就可以常常跟隨十方三世的一切諸佛學，那就不僅是發願心了，而是實在做到這常隨佛學四個字了。但是，先要跟隨阿彌陀佛學成，到了極樂世界去，才能夠跟十方三世諸佛去學。所以，念佛求生西方，實在是有種種無窮無盡的好處。

又有人問道：現在不但是阿彌陀佛不在世界上，連十方三世一切的佛都不在世界上，我們就是願意跟隨佛學佛法，可憐沒有佛可以跟隨，這有什麼辦法呢？

我道：佛雖然不在世界上，但是，佛所說的經，所說的修行方法，都還留在世界上，大家都可以照佛經上所說的修行方法去學，和跟隨佛去學，不是一樣的嗎？

九者、恆順眾生。

這一句是第九個大願心。**恆**字是長久不變的意思。**順**字是依順旁人心願的意思。十方的世界，無量無邊，世界上的眾生，更加是多得說不盡，這樣多的眾生，都要使得他們得到利益，若是拋棄了一個，那就不是菩薩的平等大慈心了，也就不可以算是普賢行願了。

講起**輪迴**的道理來，一切眾生都是夙世的父母。（夙世父母的道理，在前面回向三寶眾龍天一節底下的小注裏已經詳細講過。）講起**佛性**的道理來，一切眾生都是未來的佛。（因為眾生都有佛性，就為了迷惑造業，所以就做了眾生。將來總有一天覺悟了，就都可以成佛，所以說是未來的佛。）講起**法身**的道理來，一切眾生都是自己的本體。（因為佛和眾生本來是合一個法身的，沒有自他分別，所以說都是自己的本體。）有這三種道理，所以，對那一切眾生，實在是都應該要順他們的。況且菩薩發心，本來就為了要救度一切眾生，怎麼能夠不順他們呢？

但是，這個順字，卻是要辨清楚的，若是說那個眾生是喜歡做惡事情的，那就不僅是不可以順他，還一定要用正當道理來懇切地勸他，倘若勸了他不肯聽，那麼，就是用威勢來迫使他改惡行善，也是應該的。要曉得，菩薩的順眾生，是要教他們脫離種種的苦處，得著種種的樂處，才算是真的能夠順他們。譬如像世間的父母待子女一樣，真愛子女的，一定是管束很嚴，所以要管束得嚴，就是要他們將來自己得著受用，不受到種種苦的緣故。若是只曉得一味的溺愛，（溺愛，是不明白愛的道理，只曉得愛，不曉得教的意思。）養成他們一種作惡的性情，害他們後來吃種種的苦，這就不是愛子女，而是害子女了。菩薩的順眾生，是像真愛子女的父母，不是像溺愛子女的父母。所以菩薩戒本經裏面（戒本經，是一部佛經的名稱。）有：不諫惡人戒、（諫字，就是勸他回心的意思。）不折伏眾生戒、（折伏，是使他服從的意思。）不行威折戒、（不行，就是不做這件事情。折字是壓伏他。威折是用威勢來壓伏他。）神力不折攝戒（神力，就是種種的神通力。攝字是接引他。）幾條戒法。

有人道：要盡十方所有的眾生都順他們，怎麼辦得到呢？我道：現在我們是凡夫，沒有得到神通道力，（道力，是種種正當的道理的力量。）自然是辦不到了。但是，這種願心是一定要發的，發這種願心，就叫做發菩提心。菩提心是往生淨土的正因，要求生淨土的人，怎麼可以不發這種願心呢？阿彌陀佛就因為發了四十八種大願心，所以成了佛。發願是修行的根本，沒有願心，一定不會成事實的。所以，發願實在是很要緊、很要緊的。十方三世一切的佛，都是從發願上修成的。

照道理說，一切的法都是自己的心所造，自己的心和一切眾生的心圓融無礙。所以，自己發心，他們就都能夠得著利益，那是心性的神妙不可思議。只要想施食的一種法，只用幾粒米，就能夠使法界的眾生都吃飽，（這種道理在夜課裏面會講明白。）雖然說是靠法的力量，究竟一半還是靠自己心的力量，心不至誠，一定不能有大效驗。所以，只要自己真實的發心，實在沒有一件事情做不到。

從前南嶽思大禪師的弟子大善禪師，修成了一種**慈心三昧**，（慈心三昧，是專門用一種發慈悲心的功夫。）有一群鹿被人圍住了，有一個人代這些鹿合掌念了幾聲：南無大善禪師！那些鹿就從圈子裏都飛出去了。這件事情，不就是大善禪師發這恆順眾生的願心的力量嗎？所以，我們只要常常發這個願心，能夠一念、一念地接連不斷，成功了慈心三昧，那就可以學觀世音菩薩普救一切苦難眾生，自在優婆夷的遍施一切飢餓眾生，（遍施，是周遍施捨的意思。）妙德救護眾生夜天的教化一切世界、一切趣中的眾生了。（自在優婆夷和妙德救護眾生夜天是兩位大菩薩的名號，都在華嚴經入法界品裏面，若是要曉得詳細，可以查看。一切趣的趣字，本來是向著那一條路去的意思，用在這裏，是和六道的道字一樣的。**一切趣**就是各道的意思。不過，趣有七趣的說法，那是比六道多出神仙的一趣來，所以成了七趣。還有五趣的說法，那是因為天、人、鬼、畜生四道裏都有阿修羅，所以把阿修羅分併到那四道去，六道也就少了一道，只有五道了，就說是五趣了。）

照經上面的說法，菩薩若是能夠隨順眾生，就算是隨順供養的諸佛。若是對一切眾生能夠尊敬他們、服侍他們，就算是尊敬、服侍了如來。若是能夠使眾生心裏歡喜，就是使一切如來心裏都歡喜了。為什麼呢？因為諸佛如來的心只是一種大悲心的緣故。又說菩薩要用大悲心來使一切眾生都受著利益，就能夠成功佛的大菩提果了。所以，成佛的因緣，完全是在眾生身上，若是沒有了眾生，一切菩薩要做功德就沒有做處，就一定不能夠成佛了。所以，修行的人對這恆順眾生的一種願心，應該要特別注意。

十者、普皆回向。

這一句是第十個大願心。**普**字是周遍的意思。**皆**字是一齊的意思。就是把上面所修的九種普賢行願的大功德，一齊都回向給所有十方微塵世界裏的一切眾生，願意使他們永遠都受著安樂，沒有各種病痛的苦惱。要想做惡事的，教他們一定都做不成。修善業的，教他們都能夠做得很快、很多、很好。若是有些眾生因為從前造的惡業多，受到一切極重的苦果報，我願意都代他們受苦，像那善伏太子一樣，（善伏太子求他父王放出那犯罪的無量眾生來，自己代他們到監牢裏去受苦。這是願勇光明守護眾生夜天的夙世的事情，所救的罪人，就是賢劫的千佛和百萬阿僧祇諸大菩薩。所以，犯罪的惡人，也不可以看輕，也許就是未來的佛菩薩。寶王論上有孌女、群盜皆不可輕的一種念佛法門，因為一切眾生都是未來諸佛的緣故。善伏太子後來修成了大菩薩，稱做願勇光明守護眾生夜天，這詳細情形在華嚴經裏面有。

賢劫的劫是一個大劫，就是十三萬四千四百萬年。已經過去的一個大劫叫做莊嚴劫，將來的一個大劫叫做星宿劫。賢劫是現在的一個大劫，現在正是在大劫 叫做住劫的一個中劫，又是住劫裏的第九個小劫，在這個賢劫裏有一千尊佛出世，釋迦牟尼佛就是一千尊佛裏的第四尊佛。寶王論是一部講佛法的書名。嬖女是一種下賤的女人。群盜是許多的強盜。）使他們都能夠解脫苦難，修成功佛的無上菩提。這一種願心，連那上面的九種願心，總共是十種願心，願願都是周遍法界的，因為這種願心發得大，所以叫做願王。

照經上說，說這種大願心的，能夠把五逆十惡所有一切的罪業都消滅盡，現世裏，也不受到種種的苦惱。到臨終的時候，靠這十大願王的威神力，一剎那的時候就能夠往生到極樂世界去，並且生到了極樂世界，立刻就可以見到佛。所以這種願心一定要發。

真修淨業的人，就在念一句阿彌陀佛裏完全具足這十大願的。因為一切諸佛，總是一個法身，所以禮敬阿彌陀佛，就是禮敬諸佛了。佛的名號是表顯佛的種種功德。那麼，念佛就是稱讚如來了。

依照法門修行叫做真法供養，功德最大。那麼，念佛就是廣修供養了。

念一句佛號，能夠消滅八十億劫生死的重罪。那麼，念佛就是懺悔業障了。

一句佛號，是佛的種種功德莊嚴成功的，所以稱做**萬德洪名**，（萬德洪名，是說在這一個佛的名字裏，萬種的德都完全具足的意思。但是，這個萬字要活看的，不過形容很多的意思，並不是恰好一萬種德，不多一種，也不少一種。洪字是大的意思。）那麼，念佛就是隨喜功德了。

因為要聽佛說法，所以求生西方，因為求生西方，所以認真念佛。那麼，念佛就是請轉法輪了。

念念想阿彌陀佛是法界身，大慈大悲心，常住在世界上接引眾生，永遠不滅，十方諸佛，其實也都是常住不滅的。那麼，念佛就是請佛住世了。

念念想自己將來往生到極樂世界去，可以常常跟著佛，學一切的佛法。那麼，念佛就是常隨佛學了。

念念想阿彌陀佛就為了要救度眾生，所以發的四十八願，自己將來往生了，能夠證得無生法忍，也就可以分身到十方一切世界去度眾生，報佛恩了。那麼，念佛就是恆順眾生了。

念佛功課做完了，把功德回向一切眾生，願意他們都生到西方極樂世界去成功佛道。那麼，就是普皆回向了。

總之，這個念佛法門，沒有一種佛法不收在裏面，所以，專門念阿彌陀佛，實在是無上的妙法，功德不可思議。

十方三世一切佛，一切菩薩摩訶薩，摩訶般若波羅蜜。

這三句是**別相三寶**。第一句是**佛寶**，第二句是**僧寶**，第三句是**法寶**。

十方是總包括一切世界說的，三世是總包括一切時劫說的。十方的世界裏，各有三世時劫的不同，三世的時劫裏，又各有十方世界的不同。世界裏面，還有世界，時劫裏面，還有時劫，重重無盡的。像這樣的一切佛、一切菩薩，都是從摩訶般若波羅蜜裏生出來的。

摩訶般若波羅蜜就是一切眾生自己的心性，一切的佛菩薩都是從自己的心性裏現出來的，自和他沒有二相。所以，別相三寶也就是**自性三寶**。這三句裏，雖然沒有說到皈依的字樣，但是念這三句，其實就是表示皈依的意思。

四生九有

●四生九有，同登華藏玄門。八難三途，共入毗盧性海。

這四句也是回向發願的意思。願意一切眾生大家都能夠明心見性、見性成佛。（這**明心見性**四個字，照字面講起來，明心兩個字，是明白自己的心地。見性兩個字，是見到自己的真性。若是講理性，那是要證到明性的地步，成了佛才能夠明白，不是說話能夠講得清楚的。）照字句的意思解釋，上兩句是說明心，下兩句是說見。

四生就是**胎**、**卵**、**溼**、**化**四種，三界六道的眾生，都跳不出這四種的。胎生是在胞胎裏完全成形才生出來的。卵，大的叫蛋，小的叫子，所以雞生的蛋，可以叫雞蛋，也可以叫雞子，卵生是在卵裏完全成形，破了殼出來的。溼生是在潮濕的地方得到了暖氣生出來的。化生，像雀到大水裏就會化成蜃，鷹會化成班鳩等都是。人和四隻腳的獸類，大半都是胎生的。兩隻腳的鳥類和水裏活的東西，大半都是卵生。有些小蟲像蜒蚰、螞蟥等都是濕生。水裏的蚌蛤等都是化生。欲界裏，六道完全都有。色界、無色界只有天道，還有五道都沒有。天道、地獄道只有化生。人道、阿修羅道、畜生道，四生都有。鬼道只有胎生、化生。

九有就是三界裏的**九種地**，是世間眾生的依報。從阿鼻地獄上去，一直到第六層的他化自在天，都是**欲界**，叫**五趣雜居地**。因為是天道、人道、畜生道、餓鬼道、地獄道的五道眾生夾雜住在裏面，所以叫五趣雜居。

色界的十八層天分做四種地：初禪的三天叫**離生喜樂地**，是說離開了欲界去受生，覺得心裏歡喜快樂的意思。二禪的三天，叫**定生喜樂地**，是說從禪定生出來的一種歡喜快樂的意思。三禪的三天，叫**離喜妙樂地**，是說離去那種相的歡喜心，得到一種微妙樂處的意思。四禪的九天叫**捨念清淨地**，是說捨去三禪的樂，心念裏面清淨的意思。

無色界的四天分做四種地：空無邊處天就叫**空無邊處地**，識無邊處天就叫

識無邊處地，無所有處天就叫**無所有處地**，非想非非想處天就叫**非非想處地**。因為都是貪著境界，不肯離去，所以叫地。這九種地，都是從有漏的業因得來的果報，所以叫九有。

這種世間的正報、依報種種的相，完全都是自己的心現出來的，心是一切法的本體，所以叫法界。每一種法都是全分的心力造成的，不是用少分的心力來造的，（全分、少分的兩個分字，和份字一樣的。全分的心力，就是完全的心力。少分的心力，就是不完全的心力，就是心力裏的一部份。）法法都是心的全量，（全量，就是完全的心量，不是一部份的心量。）所以，法法都是**法界**。

並且，一微塵裏就能夠收盡那十方世界，一剎那裏就能夠收盡那三世時劫，一切的微塵，一切的剎那，也都是這樣收盡的。雖然一重、一重地收盡，卻仍舊是法法各住在自己的本位，一些也不雜亂，所以說是圓融無礙，這個就是法華經上說的世間相常住的道理。

我先把這一句世間相常住的道理大略講講。世間是說十法界的各個世間，眾生迷惑實相真性，看見世間的一切相都是忽然生，忽然滅，就算世間相不是常住的。佛覺悟得實相真性，見到世間的一切相儘管無窮無盡，哪怕一根草、一微塵都是常住中道的實相性體，性體本來是清淨常住的，那麼，一切的法，一切的相，自然也沒有不是常住的了，所以說世間相常住。眾生的心迷惑了，就成了妄心，妄心是生滅的，不常住的，因為心不常住，看出一切的相來也自然不常住了。這是眾生的心不常住，並不是世間的相不常住，學佛的人，不可以不明白這個道理。

怎麼叫做**華藏**呢？

華嚴經上說：有一個大香水海名目叫普光摩尼莊嚴香水海，這香水海裏有一朵大蓮華，蓮華的名字叫種種光明蕊香幢。在這華幢裏有一個總海，名字叫做**華藏莊嚴世界海**，這個海 有十個不可說的佛世界微塵數的華，（佛世界微塵數，是說把一個三千大千世界化做微細的灰塵，像那樣的多。不可說是十個大數目裏的一個很大的數目，現在有十個不可說的佛世界微塵數的華，數目的大，華的多，那還得了嗎？）每一朵華裏都有香水海。每一個香水海裏再各有一朵大蓮華，一朵、一朵的蓮華上面，從下面到上面都有二十重的世界，越是下面越狹，越到上面越寬。

最中間的一朵大蓮華，名稱叫做一切香摩尼王莊嚴蓮華，華上也是二十重世界。

最下一重中間的世界名字叫**最勝光遍照**，這世界上的教主是：淨眼離垢燈佛，世界的外面有一個佛世界微塵數的世界圍繞著。

上去第二重中間的世界名字叫做**種種香蓮華妙莊嚴**，這世界上的教主是：師子光勝照佛，世界的外面有兩個佛世界微塵數的世界圍繞著。

第三重中間的世界名字叫做**一切寶莊嚴普照光**，這世界上的教主是：淨光智勝幢佛，世界的外面有三個佛世界微塵數的世界圍繞著。

第四重中間的世界名字叫做**種種光明華莊嚴**，這世界上的教主是：金剛光明無量精進力善出現佛，世界的外面有四個佛世界的微塵數世界圍繞著。

第五重中間的世界名字叫做**普放妙華光**，這世界上的教主是：香光喜力海佛，世界的外面有五個佛世界微塵數的世界圍繞著。

第六重中間的世界名字叫做**淨妙光明**，這世界上的教主是：普光自在幢佛，世界的外面有六個佛世界微塵數的世界圍繞著。

第七重中間的世界名字叫做**衆華燄莊嚴**，這世界上的教主是：歡喜海功德名稱自在光佛，世界的外面有七個佛世界微塵數的世界圍繞著。

第八重中間的世界名字叫做**出生威力地**，這世界上教主是：廣大名稱智海幢佛，世界的外面有八個佛世界微塵數的世界圍繞著。

第九重中間的世界名字叫做**出妙音聲**，這世界上的教主是：清淨月光明相無能摧伏佛，世界的外面有九個佛世界微塵數的世界圍繞著。

第十重中間的世界名字叫做**金剛幢**，這世界上的教主是：一切法海最勝王佛，世界的外面，有十個佛世界微塵數的世界圍繞著。

第十一重中間的世界名字叫做**恆出現帝青寶光明**，這世界上的教主是：無量功德法佛，世界的外面有十一個佛世界微塵數的世界圍繞著。

第十二重中間的世界名字叫做**光明照耀**，這世界上的教主是：超釋梵佛，世界的外面有十二個佛世界微塵數的世界圍繞著。

第十三重中間的就是我們這個**娑婆世界**，教主是：釋迦牟尼佛，世界的外面有十三個佛世界微塵數的世界圍繞著，極樂世界也在裏面，教主是：阿彌陀佛。

第十四重中間的世界名字叫做**寂靜離塵光**，這世界上的教主是：遍法界勝音佛，世界的外面有十四個佛世界微塵數的世界圍繞著。

第十五重中間的世界名字叫做**衆妙光明燈**，這世界上的教主是：不可摧伏力普照幢佛，世界的外面有十五個佛世界微塵數的世界圍繞著。

第十六重中間的世界名字叫做**清淨光遍照**，這世界上的教主是：清淨日功德眼佛，世界的外面有十六個佛世界微塵的世界圍繞著。

第十七重中間的世界名字叫做**寶莊嚴藏**，這世界上的教主是：無礙智光明遍照十方佛，世界的外面有十七個佛世界微塵數的世界圍繞著。

第十八重中間的世界名字叫做**離塵**，這世界上的教主是：無量方便最勝幢佛，世界的外面有十八個佛世界微塵數的世界圍繞著。

第十九重中間的世界名字叫做**清淨光普照**，這世界上的教主是：普照法界虛空光佛，世界的外面有十九個佛世界微塵數的世界圍繞著。

第二十重中間的世界名字叫做**妙寶燄**，這世界上的教主是：福德相光明佛，世界的外面有二十個佛世界微塵數的世界圍繞著。

像這二十重裏面許多、許多的世界，還只是華藏世界海十個不可說佛世界微塵數裏的一微塵數，那麼，華藏世界海裏的世界還可以說得清楚、想得出來嗎？這個華藏世界海完全是**盧舍那佛的實報莊嚴土**，所有裏面的各世界，一個、一個都是周遍法界，圓融無礙的。譬如把娑婆世界當做了主，一切的世界都是娑婆世界的眷屬，都收在娑婆世界裏了。把極樂世界當做了主，一切的世界都是極樂世界的眷屬，都收在極樂世界裏了。所以說，娑婆世界在極樂世界裏，夠不到一瓣蓮華的大小。極樂世界在娑婆世界裏，也夠不到一瓣蓮華的大小，這是真心的圓融妙相。

有人疑惑問道：一個世界的大不及一瓣蓮華，那麼，是把蓮華瓣放大呢？還是把世界縮小呢？

我道：蓮華瓣沒有放大，世界也沒有縮小，都是原來的相，沒有一點改變。一切的法只是一種法，所以，一切法的實相都是盡虛空、遍法界的，哪怕是一微塵也是這樣的量。

那人道：照這樣說，世界和蓮華瓣一樣也罷了，怎麼說不及蓮華瓣大呢？

我道：這是因為一種是有力，一種是無力的緣故。有力的，能夠把無力的一起收來。無力的，就被那有力的一起收去。做主的，是有力的。做眷屬的，是無力的。所以，極樂世界做了主，就把那所有華藏世界海的一切世界完全收盡，所收的世界有不可說不可說的佛世界微塵數的多。那麼，一個娑婆世界在面，怎麼夠得到一瓣蓮華大呢？娑婆世界做了主也是這樣的，就是一微塵做了主也是這樣的。世界裏的微塵無量無邊，微塵裏的世界也是無量無邊，這個收那個，那個收這個，都是圓融無礙的。這種情形，彷彿像一間房裏四面掛了許多的鏡子，鏡子裏照著重重無盡的相一樣。不過，鏡子裏的相完全是一種虛的影子，那種世界卻是實的法相，這裏面就大有分別了。

華嚴宗的大祖師就依這種道理，演說出十種玄門來，因為這十門都是玄妙的道理，所以叫做十玄門：

第一、是**同時具足相應門**。同時是就在這一個時候，不前不後的意思。具足是收盡一切法的意思。相應是事相和理性無礙的意思。像華藏世界海，這樣無量無邊的十方世界，無量無邊的三世諸佛菩薩，都在自己一念的心上同在一個時候出現的。入法界品上說：（入法界品，是華嚴經裏的一品，下面所說的各品，都在華嚴經裏，所以下面就不注了。）善財看見普賢菩薩的一個、一個毛孔，都有十方一切世界的種種國土相、種種眾生相、三世諸佛成道轉法輪的種種相、一切菩薩種種供養佛的相，並且，聽見那種種說法贊佛的說話聲音，就是這門的道理。

譬如像一間黑暗的房屋，把燈一開，裏面所有的東西一時都從這燈光裏顯出來，何況是心性的智慧光呢？

第二、是**廣狹自在無礙門**。這一門原來叫諸藏純雜具德門，賢首大師因為嫌它的意思和前後的各門有些相混，所以改成現在這個名字。廣字是大的意思。狹字是小的意思。自在無礙是大小不二，大的不礙小的，小的不礙大的意思。一切的法都是心全量造的，所以，十方世界的廣大和一微塵的狹小，兩種相是一樣的，入法界品裏面，摩耶夫人說：太子從兜率天宮下生的時候，一種微妙的光明到了我的身體，那個時候，我的身體竟然是和虛空一樣的量，能夠完全容得下所有十方菩薩一切的莊嚴宮殿，就是這門的道理。

譬如像一面極小的鏡子，能夠照見很大、很遠的東西，何況是心性的圓鏡智呢？（**圓鏡智**，是佛四種智裏的一種，叫做大圓鏡智，意思是說佛的智慧明亮得不得了，不論什麼地方都可以照到，所以拿大圓鏡來比喻。其實，佛的智慧光哪裏是鏡子能夠比得呢？）

第三、是**一多相容不同門**。（**一多**，是一個和許多的意思。）相容是從此能夠互相收容的意思。（彼，是那個。此，是這個。互相收容，就是那個能夠收容這個，這個能夠收容那個的意思。）不同是各有各的本相，不是一樣的意思。一切法都是自己心性表現出來的相，一也是自己的心性，多也是自己的心性，既然都是自己的心性，哪有不能夠收容的道理呢？

所以，華嚴經的頌裏說：**一中解無量**，（無量，是說無量的道理。）**無量中解一**。**了彼互生起**，（了字是明瞭、明白的意思。）**當成無所畏**。這四句頌，第一句的意思是說，從一種的道理裏明白了多種的道理，這不是一容多嗎？第二句的意思是說，從多種的道理裏研究出只是一種的道理來，這不是多容一嗎？第三、四句是說，能夠證明白那種彼此緣起的道理，（**緣起**，是從因緣生起來的意思。彼此緣起，是從這種因緣裏生出那種來，在那種因緣裏生出這種來的意思。）那就應該成功佛的四無所畏了，（**四無所畏**，是佛對眾生的說法，有四種道理能夠沒有一些怕懼：第一、是一切智無所畏——就是佛有一切智，所以沒有懼怕的心。第二、是漏盡無所畏——就是佛一切煩惱都已經斷盡，所以沒有懼怕的心。第三、是說障道無所畏——就是佛向大眾說明白種種障礙佛道的法，沒有一些懼怕的心。第四、是說盡苦道無所畏——就是佛向大眾說明白種種可以滅盡苦的道理，沒有一些懼怕的心。）就是這門的道理。

譬如像一間房裏點了許多的燈，燈雖然各個不同，但是，燈光都互相融合，各不妨礙，心性的大明燈（**心性的大明燈**，就是本性裏原有的心光。）也是這樣的。第二門是說的大小，這一門是說的多少。

第四、是**諸法相即自在門**。相即兩個字意思是說，這個就是那個，那個就是這個。前一門說相容，還各留著各不相同的本相，這一門說相即，是連那種不同的相也融和得沒有分別了。講一切法的體性完全都是自己的心性，所以，一切法都是一相無相的真如實相。（經上常常說到萬法歸一的一句話，這個歸一的一字就是說一相，就是說一切法只有共同的一個相。經上又說：應觀法界性，一切唯心造。這兩句是說，一切法都沒有自性的，都是自己妄心裏造出來的。既然沒有自性，是妄心裏造出來的妄相，那麼，就自然是空性了。經上又說：凡所有相，皆是虛妄。這兩句也是說，所有一切的相都是妄心裏變現出來的妄相。照上面的兩種說法，都是說相沒有自性，都是空的。

現在用一個比喻來說就容易明白了，譬如：一間房裏，有一百盞電燈的光，一百盞油燈的光，一百盞燭燈的光，總共有三百盞燈，就有三百盞燈的相。但是，三百盞燈的光，都是這一盞燈的光融合了那一盞燈的光，那一盞燈的光融合了這一盞燈的光。因此，三百盞燈光的相都合成了一個相，所以叫一相。而且，這一個相沒有長短方圓、青黃赤白種種相的。因為這種相本來沒有體性，本來是空的、虛妄的，所以叫無相。既然相是空的，是虛妄的，沒有體性的，那麼，沒有了這種空相，沒有了這種虛妄相，自然只有真如實相了，所以叫一相無相的真如實相。應觀法界性，一切唯心造。在蒙山施食儀裏面有詳細解釋。自性、體性、真如實相在佛法大意裏面都解釋過。）

本經上說一**即是多，多即**一，（本經就是指華嚴經，因為這一段所講的十玄門，都是在華嚴經上的，所以稱本經。）那是一多相即。信心銘上說極大同小，極小同大，那是大小相即，又說有即是無，無即是有，那是有無相即，像這種凡夫的眼光看來絕對相反的事情，尚且都是相即的，那麼，還會有不相即的法嗎？所以金剛經上說是法平等，無有高下。就是一切法都是相即的意思。佛不思議法品上說：諸佛曉得一切佛所說的話就是一尊佛說的話。初發心功德品上說：心一發的緣故，就和那三世一切諸佛的體，是平等的了。這三句的意思是說：修行的人只要一發成佛的心，就和諸佛的體性一樣了，（這裏所說初發心的人，實在就是指圓教初住位的人說的。）就是這門道理。

譬如像一塊十足的金子，不論把它打成什麼東西，總是黃色的。心性的堅固金藏，（因為心性是最堅固，不會改變的，所以把它比做金藏。）造出來的一切法相也都是一色的。

第五、是**祕密隱顯俱成門**。祕密兩個字，是有一種不可思議的意思。隱字是隱瞞，顯字是顯露，兩個字的意思，恰正是相反的。俱成是說那隱、顯的兩種道理一同成立的。我們現前一念的心性裏，十法界的**三千性相**（百界千如在上面爾時世尊從肉髻中一節底下已經講明白過的。世界有三種：一種叫**五陰世間**，就是我們五陰成的色身是主體。一種叫**眾生世間**，就是我們身體以外各種有情的東西。一種叫**國土世間**，就是我們身體以外各種無情的東西。每一種世間就有一千的性、一千的相。三種世間，就有三千性、三千相，所以叫做三千性相。有情的東西，就是有生命的一切眾生。無情的東西，就是沒有性命的一切東西，像山河大地木石等都是。）完全具足的。

一念念佛，就是佛法界顯，還有的九法界都隱了。不論念哪法界，也都是念這一法界，那九法界就都隱了。夜摩天宮偈讚品上說：十方一切處，皆謂佛在此。或見在人間，或見在天宮。那麼，見的地方就叫做顯，不見的地方就叫做隱，並不是佛的身相沒有周遍。

十定品上說：或見佛身，其量七肘。（肘，就是臂膊彎的骨，從指尖到這骨，叫做一肘，平常人一肘大約是一尺八寸，佛的一肘是三尺六寸。現在應該是照平常人算的。這兩句的解釋是說，或是有人看見佛的身量有七肘的高，就是合一丈二尺六寸了。）或見佛身，其量八肘。或見佛身，其量九肘。乃至或見不可說不可說佛剎微塵數世界量。（乃至兩個字，是中間跳過許多階級的話頭。不可說不可說佛剎微塵數，是說佛的身量要像這樣許多的世界積聚起來那麼的大。）那麼，看見是七肘的，就是七肘的身量顯，還有各種身量隱了。看見別種的身量也是這樣的。一個身量，每個人看來大小不同，叫做祕密，就是這門的道理。

譬如像初八的月，半個是明的，半個是暗的，明就是顯，暗就是隱，隱顯是同時的。不是像十五的月，只有顯沒有隱，三十的月，只有隱沒有顯，隱顯不同時，那就不能夠叫做俱成了。一切眾生的心月也都像初八的月。（心月，是把月來比喻這個心。因為這個心很明亮，所以拿月來比喻。但是，一法界的相顯了，九法界的相就隱了，並且，這個隱不是不見，其實還是仍舊在那裏，並不是消滅了。初八的月，雖然只看見半個，還有半個不見，其實仍舊都在那裏，不過半個是顯的、半個是隱的罷了，所以說像初八的月。）

第六、是**微細相容安立門**。微細是微妙精細的意思。前面的一多相容，是一種法和多種法相對，能夠互相收容的意思。現在這門的微細相容，是沒有相對法的，就在一種法裏能夠具足一切法。安立兩個字，是自然成功的意思。本來，隨便哪一種法都是法界，所以，法法都是具足一切法的，所以說一即一切。

入法界品上，德雲比丘說：住微細念佛門，於一毛端處有不可說如來出現，悉至其所而承事故。意思是說，心安住在這個微細念佛的法門裏了，在一根極細的毛尖頭的地方，有不可說的佛出現，自己能夠都到佛前去恭敬供養，就是這門的道理。

譬如像一滴海水，就都含著一切水的味性在裏面，何況是百海的法源水呢？（心性的量最大，所以比做海。一切的法都是從心裏生出來的，心性生出法來，好比水源生出水來，所以叫做法源水。）

第七、是**因陀羅網境界門**。（因陀羅是梵語，翻譯成中文就是天帝。）完全說起來，是釋迦提婆因陀羅七個字，現在是簡單說法，把前面的四個字省去。

忉利天王的宮殿裏，有一個用寶珠來結成的網，網孔裏都有寶珠，一顆、一顆寶珠的光互相照耀，每一顆寶珠的光裏都含有那全網所有一切寶珠的色相，所含的一顆、一顆寶珠的色相裏，還是各個含有那一切寶珠的色相，所以，照出來的寶珠，一重、一重的多到沒有窮盡。這個寶珠網就叫做**因陀羅網**，也叫做帝網。

一個人心性裏具足一切法，所具的一種、一種的法裏，也都是各具一切法的，像這樣的重重無盡，和那因陀羅網的境界其實是相同的。但是，寶珠網的珠，究竟還是有限量的。不比那心法界的法，那是真實沒有限量的。入法界品面，善財所聽受的種種法門，都是這因陀羅網的境界。最後，見到普賢菩薩的色身，一一毛孔裏都含盡那十方三世一切種種的相，那就實在證明白這個因陀羅網的境界了。

譬如像一顆摩尼寶珠，（**摩尼寶**，就是如意珠。這顆珠，是一種不得了的寶貝，要什麼，這珠裏就會生出什麼來。）能夠生出無數的摩尼寶珠來。每一顆摩尼寶珠，還可以各個生出無量無邊的寶珠來，一重、一重的生出寶珠來，永遠不會完結，何況是心摩尼寶呢？（心能夠生出種種的法來，沒有窮盡，像摩尼寶生出珠來一樣，現在拿摩尼寶來比喻心，所以叫心摩尼寶。）

第八、是**託事顯法生解門**。（生解兩個字，照字眼講，是生出解釋來，意思就是明白真實的道理。）意思是借託事相來表顯法性，可以明白那種真實的道理。法性是無盡的，所以，事相也各個無盡的。本來，心性的妙用，就在那各種的事相上見的，所以，真諦和俗諦，不可以分離開來。（**眞諦**，是講理的。**俗諦**，是講事相的。二諦分離開來，就沒有事相可以借託，理也沒有法子表顯了。）

像本經上說：以從波羅蜜所生一切寶蓋，無生法忍所生一切衣。（意思是：因為修了種種波羅蜜的法，所以能夠生出這一切的寶蓋來。證得了無生法忍，所以能夠生出這一切的寶衣來。寶蓋是表顯慈悲和庇護、遮蓋的意思。衣是表顯忍辱的意思，能夠忍耐一切順逆的境界。）這等句子，就是借寶蓋和寶衣的事相，顯出那波羅蜜和無生法忍兩種法的妙處，使人曉得佛法微妙不可思議的道理。說到一切，就見得是無盡的了。總之，經裏面沒有一件事相不是表顯佛法的道理的。

譬如像一幅地圖，看了就可以曉得一切地方的遠近、一切道路的通或者不通。世間、出世間所有一切重重無盡的事相，就是唯心法界的一幅總圖。（十法界都是自己的心造成的，心在佛菩薩，就是佛菩薩法界。心在三惡道，就是三惡道法界——所以說唯心法界。種種的事相也全從這個心上顯出來，這個心在哪一種事相上，就顯出哪一種法來，所以說，一切的事相就是唯心法界的一幅總圖。）

第九、**十世隔法異成門**。（**隔法**兩個字，是說法是隔別的。**異成**兩個字，是說不是成在一個時候的。譬如前世所種的因，到後世才結成果，這前世、後世，就是隔法。前世種的因，到後世才成果，就是異成。）過去、未來、現在已經是三世了，在每一世裏又各有三世，（過去世裏，又有過去、現在、未來三世，現在世和未來世，也各有過去、現在、未來三世，所以說，每一世裏又各有三世。）那麼，就是九世了。說九世，是講法相的用。說一世，是顯法性的體。體和用，圓融無礙，所以，可以說是一世，也可以說是九世。體、用合併了說，就說是**十世**。這樣的十世法，完全都在現前一念的心裏，所以說三世一切劫，解之即一念。（這兩句，是說三世一切的時劫，解悟的人，曉得就在這一念裏。）一念裏收盡十世的時劫，念念裏也都各個收盡十世的時劫。所以，一時就是一切時，一切時就是一時。卻又是一時和一切時，長短的本相各個成立，所以說是隔法異成。

像本經上說：毗目仙人握了善財的手，（握字，就是捏的意思。）善財就看見自己的身體在十方各十個佛世界微塵數的佛國土裏聽受佛法，有在佛前一日一夜的。有在佛前七日七夜的。有在佛前半月、一月、一歲、百歲、千歲，或是百千歲、百千億歲的。最長久的，竟然是在佛前有不可說不可說世界微塵數等的劫。到毗目仙人放了善財的手，善財就看見自己的身體還是在本來的地方，（這種都是真實的境界，並不是變幻出來的。）就是這門的道理。譬如像做夢，煮一次飯的時候，夢裏就做了幾十年的事情。照真實說，眾生在這無量無邊生死的長夢裏，其實並沒有過一剎那的時刻。

第十、是**主伴圓明具德門**。**主**譬如是主人。**伴**譬如是眷屬。**圓明**是說圓滿分明。**具德**的具字是完全的意思，是說每一種法裏，完全都有這種德性。我們現前一念的心性裏，具足無窮無盡的法界，每一法界裏，還是各個具足無窮無盡的法界，自己的本法界就是主，（**本法界**，是自己的法界。譬如說人，人法界就是本法界。譬如說一枝筆，筆法界就是本法界。在佛法裏面，不論什麼東西都可以稱法界，所以，筆也就可以稱筆法界。）本法界所具的各法界就都是伴。

像本經上說：如來的白毫相裏有勝音菩薩，和世界海微塵數的菩薩（世界海，也是多到無窮無盡的意思。）同在一個時候出來——這是人的主、伴。又說，佛放眉間的光明，有無量千億種光明做那眷屬——這是光明的主、伴。又說，說法界修多羅，（**修多羅**，是梵語，翻譯成中文是契經兩個字，意思說是合道理的常法。常法，就是不變的法，雖然經過三世，也不會改變。）用佛世界微塵數的修多羅做眷屬——這是法的主、伴。總之，隨便哪一件事都是有主、伴的。

譬如像世界上的各國，或是皇帝，或是總統，都有一個作主的，所有的官和百姓，都是他的伴。一切法界的心王，（萬法都是從心裏生出來的，那麼，心是萬法的主，所以稱做心王，在佛法大意裏面講過。）也是這樣主、伴重重的。

這十重玄門是發明**唯心法界**緣起的道理，（唯心法界，是說這種法界是唯心的法界，是專門講唯心法界。）就像淨土經上的境界也是這樣十門的：

無量壽經上說，國裏的菩薩隨意要看見十方無量數的嚴淨佛土，頓時就能夠依他們的願，在寶樹裏都照見，這不就是第一門嗎？（因為在一個時候完全應他們的願，就是同時具足相應，所以說，就是第一門。）

觀經上說，阿彌陀佛或是現大的身體遍滿在虛空裏，或是現小的身體，只有一丈六尺，或是只有八尺，這不就是第二門嗎？（因為要大要小都由自己的意思，就是廣狹自在無礙，所以說是第二門。）

又說，在佛頭上的圓光裏，有百萬億那由他恆河沙的化佛。又說，諸佛如來是法界身，都可以入一切眾生的心想裏去，（入字，就是進去的意思，所說佛的法身進到眾生的心裏去，其實也沒有什麼叫做進去。因為佛的法身本來和眾生的法身是共同一個的，不過眾生的心若是清淨了，就可以和佛的心相應，那麼，佛的法身就是眾生的法身。）這不就是第三門嗎？（上二句是說，一尊佛的光裏有許多佛，就是一容多。下三句是說，許多佛都可以到眾生的心裏，就是多容一，所以說，就是第三門。）

又說，看見阿彌陀佛，就是看見十方一切諸佛，因為看見佛身的緣故，也就看見了佛心，這不就是第四門嗎？（因為看見阿彌陀佛，就是看見十方一切諸佛。看見了佛身，就是看見了佛心，是諸法相即的道理。所以說，就是第四門。）

又說，雖然看見了佛身，但是，看各種的相好，心裏還不很清楚，到了三七日後才看得明明白白，不就是第五門嗎？（因為，起初看相不很清楚，是隱。到三七日後看明白了，是顯——就是祕密隱顯俱成的道理，所以說，就是第五門。）

又說，看見大勢至菩薩一根毛孔的光，就是看見十方諸佛清淨微妙的光明，這不就是第六門嗎？（因為一根毛孔的光 可以看見十方諸佛的光，就是微細相容的道理，所以說，就是第六門。）

又說，無量壽佛有八萬四千相，一個、一個相裏各有八萬四千隨形好，一個、一個好裏又各有八萬四千道光明，一道、一道光明周遍照滿十方世界。無量壽經上說，一朵、一朵華裏出三十六百千億光，一道、一道光裏出三十六百千億佛，一尊、一尊佛又各放百千道光明，這不就是第七門嗎？（因為一個相裏現出許多的相，一道、一道光裏現出許多的光和許多的佛來，一重、一重，重重沒有完結，好比因陀羅網一樣，所以說，就是第七門。）

阿彌陀經上說，這許多的鳥都是阿彌陀佛要使得講佛法的聲音宣揚出去，所以變化出來，這不就是第八門嗎？（因為許多的鳥都會宣揚流通佛法，這鳥是事相，就是假託了事相顯出法來的道理，所以說，就是第八門。）

觀經上說，具足十念稱南無阿彌陀佛，因為稱佛名的緣故，念念都可以除去八十億劫的生死重罪，（念佛，是現在世。罪因，是過去世。罪報，是未來世——念念皆通三世的。罪因，是種的受罪的因。）這不就是第九門嗎？（念佛是現在的事情，可以除去八十億劫過去世的罪因，和將來的罪報。現在念佛，和過去、將來，是隔法。現在念了佛，可以除去過去的罪因，和將來的罪報，是異成，所以說，就是第九門。）

又說，這一種想，成功的時候，（所說的這一種想，在觀經裏的第八種作觀法，是想的阿彌陀佛像。）佛菩薩像都放出光明來，照在許多的寶樹上面，一株、一株樹的下面各有一佛、二菩薩像（一佛是阿彌陀佛，二菩薩是觀世音、大勢至兩尊菩薩。）遍滿在那個國土裏。又說，一道、一道光明裏有無量無數百千化佛，一尊、一尊化佛有無數的化菩薩做他的侍者，變現自在，遍照十方世界，這不就是第十門嗎？（因為佛是主，菩薩是伴，觀經上說：寶樹的下面有一尊阿彌陀佛，就有觀世音、大勢至兩尊菩薩做佛的伴，就是主伴圓明具德。所以說，就是第十門。）

像這種情形的說法，淨土經上不曉得要有多少哩！怎麼講得完呢？這樣一看，淨土經和華嚴經實在真是一樣的，還可以說，西方淨土不就是唯心淨土嗎？（因為華嚴經是專門講唯心的道理，淨土經是專門講淨土的道理。淨土經既然和華嚴經一樣，那麼，西方淨土，也自然和唯心淨土一樣了。）

要曉得，所有一切的法完全都是自己心造的，所以叫唯心法界。我們現前一念的心裏，所以一切法的種種性相完全具足，所以有同時具足門。這同時具足的一門是總相，是事相和理性無礙的道理，還有的九門是別相，是事相和事相也是各個無礙的道理。因為事相和理性無礙，所以，理性周遍，事相也一定能夠住在本位，（本位兩個字，譬如說到筆，筆就是本位。說到紙，紙就是本位。住在本位，就是住在這本位上不變動的意思。）遍應一切，遍應一切就是廣，住在本位就是狹，所以有廣狹自在門。既然一種相可以去應那多種相，那麼，多種相也一定可以來應這一種相，所以有一多相容門。

既然這一種相能夠應那多種相，那麼，一種相也就是多種相，像雨水落到江、河、池、井裏去，這雨水就叫做江水、河水、池水、井水，不再叫雨水了。一種相能夠容那多種相，那麼，多種相也就是這一種相了，像那江、河、池、井的水，流到了海裏，就和成了一種鹹味，就變成海水了，所以有諸法相即門。相容是兩種的相都可以看見，相即是只有一種的相可以看見。兩門合併，所以有隱顯俱成門。這一種相容那多種相的時候，一切的相一齊收容的。那多種相各個收容一切的相，也是這樣的，所以有微細相容門。

互相收容，像是多數的鏡子對照，重重無盡，所以有因陀羅網門。既然像是因陀羅網，那麼隨便哪一種事相都是一切無盡的，所以有託事顯法門。三世的時法，（時法的時字就是時候，時候也可以稱做法，所以叫時法。），是依著一切的事相上立的，一切的事相既然都是圓融無礙，那麼，時、法也自然是圓融無礙了，所以有十世異成門。

法法都是這樣圓融的，所以，隨便取那一種法就算是主，連帶緣起的，（因為有了主，才有這些幫助主的東西，就叫連帶緣起的東西。譬如寫字，這枝筆是主，紙和墨就是連帶緣起的東西。譬如一個家，這個父母是主，兒女、媳婦就是連帶緣起的人。）就算是伴。法界無盡就是主、伴無盡，所以有主伴具德門。像這十重玄門的道理，不論哪一種法、哪一件事，都有這十種道理。因為沒有一法、一事不是法界性的緣故。

我再把一件大家用慣的東西說出它的十玄門來，使得大家看了，更加可以明白那一切事相都是法界的道理。

譬如像一枝筆，可以寫字，可以畫圖，所有十方三世一切法界的境界事相，都可以從這筆上顯出來。所以，提起筆來，一切十方三世的境界相**同時具足相應**，這是第一重玄門。

一枝筆能夠周遍一切法，不離自己的本位，（譬如像須彌山收到芥菜子去，芥菜子沒有放大，須彌山沒有縮小。一切法的實性、實相，本來都是盡虛空、遍法界的。芥菜子的實性、實相也是盡虛空、遍法界那麼大，並不是小的，所以，須彌山可以收進去。我們看見芥菜子是很小的，那是我們心裏現出來的虛妄相，並不是芥菜子的實性、實相。）不是**廣狹無礙**嗎？（一切法界是盡虛空的，可以都在筆上顯出來，那麼筆就廣到極頂了。筆不離自己的本位，是沒有變筆的形相，那筆還是很狹的，所以說廣狹無礙。）這是第二重玄門。

一枝筆能夠去遍應種種法界的用，（譬如：佛用這筆來做佛的事，或是閻王用這筆來做閻王的事，那麼，就是筆到了佛、或是到了閻王的法界裏去了，就是一枝筆遍應種種法界的用了，這是說的一容多。）種種法界都來應這一枝筆的用，（譬如畫淨土變相，就是佛法界收到筆裏來了。畫地獄變相，就是地獄法界收到筆裏來了，就是種種法界都應這一枝筆的用，這是說的多容一。）不是一**多相容**嗎？這是第三重玄門。

一枝筆裏完全具足一切法界的事相，那麼，這一枝筆就是一切法界了。一切法界的事相完全收在一枝筆裏面，那麼，一切法界就是這一枝筆，所以說是**諸法相即**，（因為筆就是一切法界，一切法界就是筆，所以說是相即。）這是第四重玄門。

這枝筆應一種法界用的時候，只顯一種法界的相，別的種種法界的相都不顯，並不是筆裏沒有那種法界的相，不過是隱著不顯罷了，（譬如說用筆來畫佛像，並不是這枝筆只可以畫佛像，別的相都不可以畫，不過是沒有用它來畫別的相罷了。可以畫別的相，沒有用它來畫，就是隱藏不顯的意思。）就是所顯的一種法界的相裏，其實也隱著種種法界的相。像那初八的月，雖然只看見半個，究竟體性是全圓的，所以說**隱顯俱成**，這是第五重玄門。

這枝筆的一根、一根毛尖頭上，都各收盡那一切微塵法界的境界相，沒有一些遺漏，（這幾句的意思，照淺的道理講，是因為一切法界的境界相都在這枝筆的毛尖頭上寫出來，所以說，筆的毛尖頭都各收盡一切法界的境界相。若是照深的道理講，雖然是極細的一根筆毛，其實都是收盡一切法界的境界相，不過，這種道理很深，只能夠自己去悟，不能夠用話來說明白。）所以說**微細相容**，這是這六重玄門。

因為有那種種法界的境界相，所以有這筆的用處，（因為種種法界的境界相靠這筆寫出來，所以筆有用了。若是沒有種種的法界相，那麼，雖然有筆，叫它寫些什麼出來呢？沒有什麼可以寫，那麼，要這筆有什麼用處呢？所以說，有那種種法界的境界相，才有這筆的用處。筆所寫出來的事相，都可以說是法界的境界相。）因為用了這筆，所以，能夠顯出那種種法界的境界相來。筆的用，重重無盡，就是顯那種種法界的境界相重重無盡，像是帝網的珠光互相映照，（筆能夠寫出種種法界的境界相來，是種種法界的境界相靠筆顯的。有了種種法界的境界相，筆才能夠寫得出，是筆的用處靠種種法界的境界相顯的，互相依靠顯出來的，所以說是像帝網的珠光互相映照。）一重、一重，永遠沒有盡的，所以說**因陀羅網境界**，這是第七重玄門。

本來不論一塵、一法都是重重無盡的，譬如寫一個佛字，就是把十方微塵世界裏所有過去、現在、未來一切的佛，和那一切佛的種種功德、種種相、種種用，一齊都收在這一個佛字上面，就是多劫的演說，也永遠說不完的。一切的相都是這樣的，所以說**託事顯法生解**，（寫一個佛字是事，因為寫了這一個佛字，就把三世一切的佛和一切佛的種種功德、種種相、種種用，都收在這一個佛字上面。那就是借託寫這個佛字的一件事情，把佛的一切功德、相、用都顯出來，所以說託事顯法。）這是第八重玄門。

用一回筆，總有無數的剎那時分的，（時分，是一份、一份的時候，就是一個時候。剎那時分，就是一個剎那的時候。講起道理來，從無始到現在，只是一剎那，就是從無始到未來的未來，也不過是一剎那。所以，可以說一剎那裏就有過去、現在、未來三世的。）每一剎那的時分裏就包含著十世的時分在裏面，（在前面解釋十世異成門裏面，已經說明白過。）十世的時分完全都收在現前一念的心裏，一切的事情，都在這一念裏面辦成，所以說**十世異成**，這是第九重玄門。

一切的法都從這筆上生出來的，所以，筆就是主，旁邊一切助緣的東西就都是伴。（助緣的東西，就是幫助筆寫成字，畫成圖的東西，像紙、墨、顏料等都是。）筆的相和用都是無盡的，那麼，助緣的相和用也就跟它無盡了，所以說**主伴圓明具德**，這是第十重玄門。

照這種情形推究起來，哪一法不是**華藏玄門**呢？為什麼法法都是華藏玄門呢？因為法法都是法界的緣故。為什麼法法都是法界呢？因為都是自己心造出來的緣故。這種道理只曉得是沒有用的，要能夠在一剎那、一微塵，真實見到這世界海的境界相，那才算是登了華藏玄門，就是所說的明了心，也就算是入了**毗盧性海**了，（毗盧兩個字，是毗盧遮那的簡單說法。）就是所說的見了性。因為心性的量廣大無邊，所以拿海來比喻。

八難三途是專門指業障重的眾生說的。業障重的眾生尚且希望他們修成，那麼，業障輕的眾生，一定更加可以有修成的希望了。（入毗盧性海，就是修成了。）

講到一世修到明心見性，最高也不過是圓教的初住位，那麼，還只是少分的登玄門、少分的入性海，要到究竟成了佛的時候，才是完全的登玄門、完全的入性海了。所以這四句，實在是祝願一切眾生一齊成佛的意思。

有人道：你既然說，只不過明白十玄門的道理也沒有用的，那麼，為什麼要這樣幾番的解釋呢？

我道：這種道理明白了，就可以曉得一切法都自己的心生出來的，種種都是不二的，沒有自他的，那就可以破那分別心和我執、法執的種種妄見，消滅種種煩惱的惡心，那是真實的修淨土法，念起佛來，可以不起妄想心，容易成功一心不亂了。能夠修到妄想心不起，淨土的境界顯現了，那也就是明心見性，登了華藏玄門，入了毗盧性海了。為什麼呢？淨土的境界，本來就是自己的心性，所以，這個境界顯現了，就是自己心性的妙用見到了，不就是明心見性嗎？一個極樂世界裏收盡一切的世界海，不要說是一個完全的極樂世界，就是極樂世界裏的一草、一木、一華、一葉、一珠、一光，也都是各個收盡一切世界海的。那麼，見到了淨土境界，不就是登了華藏玄門，入了毗盧性海嗎？能夠修到這樣，一定是上品上生。因為明白了這十玄門，對那修淨土有這樣的大利益，所以我不敢怕煩，一定要詳細說清楚。

三皈依

自皈依佛，當願眾生：體解大道，發無上心。

這一個偈和下面的自皈依法、自皈依僧二個偈，就叫三皈依，是皈依的三寶。三寶有自性三寶、常住三寶兩種的名稱解釋這三皈依的。

因為開頭都有一個自字，所以有當做皈依自性三寶的，其實照經文上面的意思，應該照皈依常住三寶解釋，就是不照全品經文的道理講，（這個三皈依，是在華嚴經裏的淨行品上，所說全品，就是指淨行品。）單照這三個偈說，也是照皈依常住三寶解釋的來得順當。因為是說**自皈依佛**、**自皈依法**、**自皈依僧**，不是說的皈依自佛、皈依自法、皈依自僧的緣故。況且是對了佛菩薩經像前念的，怎麼可以說不是皈依的常住三寶呢？要曉得，常住三寶就是自性三寶的相。自性三寶就是常住三寶的性，自他本來是不二的。

所以儘管皈依常住三寶，其實也就是皈依自性三寶，只要曉得這三寶就在自己的心裏，不當他在自己心的外面就是了，何必一定要照自性三寶的解釋呢？照自性的解釋，那麼，倒變了有自、他的分別心了，實在是不相宜的，還是照皈依常住三寶的解釋好。能皈依的是自己的色身，就是自己心性變現的相，所皈依的常住三寶，也就是自己的心性變現的相，那麼，能、所也不二了。（能、所兩個字的意思，在佛法大意裏面講過。）

有人問道：這三皈依，說是皈依的自性三寶，那是六祖大師說的：你說他不對，不是謗毀祖師嗎？

我道：六祖是直指人心的大宗師，（直指，是直入的意思、沒有彎曲的意思。就是牢牢實實專門講這一種道理。大宗師，是講這一宗的大師，像專門講禪宗，或是專門講相宗、密宗、淨宗的大師，都可以稱大宗師的。）不論講什麼法，都是歸到自己的心性上面去。若是曉得了這種意思，絕不會聽了六祖的話，就疑惑到佛經裏頭所講一切修持的種種事相法門有什麼不對。要曉得，佛所說的，是普遍利益九法界一切的聖人、凡人的。六祖所說的，是要人都悟到自性的。但是，六祖所戴的，只能夠利益夙根成熟的一種利根人，因為宿根成熟的利根人，絕不會執著理性、拋棄事相的。那種專門執著理性就拋棄事相的人，對那理性上也一定不是真有什麼覺悟的。你若是對六祖所說的，算他是的，對佛所說的，不認做是修持的正大法門，那麼，你不論對什麼事情，都是講自心的了。你既然專門講自心，不講事相，那麼，你吃飯穿衣，也都可以專門依靠自心，絕對不要依靠事相上的穿衣吃飯。倘若穿衣吃飯仍舊要依靠事相才能夠做人，那麼，為什麼只在這修持的正大法門上，反要偏依理性、拋棄事相呢？

總之，這個第一偈是說，自己皈依佛，就應該發願：要使得一切眾生也都能夠成佛道。

體解大道的**體**字，是體察，就是用心研究道理的意思。**解**字是解悟，就是真實明白道理的意思。**大道**兩個字，就是自己的心性——心的量最大，一切的法都包容在自己心裏，所以說是大。道字就是道理，一切的道理都是自己心性的作用，所以心性就是大道。研究到明白自己心性的道理，就叫做體解大道了。

種種的心相裏，菩提心最是尊貴，沒有再勝過菩提心的了，所以菩提心叫做無上心，發菩提心也就叫**發無上心**。華嚴經上入法界品裏，彌勒菩薩讚嘆這種菩提心的功德，有很長的一篇文字，就為了這菩提心是最尊貴的緣故。

因為，發菩提心有三種：一種是曉得佛法的好處，所以發這菩提心，叫信發心。一種是明白心性的道理，所以發這菩提心，叫解發心。一種是證到真實的境界，所以發這菩提心，叫證發心。華嚴經上有初發心功德品，讚嘆初發心菩薩的功德，真是無量無邊不可思議。所以，修行的人，一定應該要發這無上菩提心。

照無量壽經上說：三輩往生極樂世界的人，（三輩就是上品、中品、下品三種。）都是先要發菩提心的。觀經上說：要想生到極樂世界去，應該要修三種福德，這裏就有發菩提心的一條，所以，發菩提心實在是往生西方的正因。原來十方諸佛就是自己心性本覺的相，一切眾生就是自己心性煩惱的相，（**本覺**，是眾生自性裏本來有的清淨性，這種清淨性，不被煩惱所迷就是諸佛，被煩惱迷惑住了就是眾生。）都是自己的心相，倘若自己不曉得皈依本覺、度盡煩惱，怎麼能夠成佛道呢？

自皈依法，當願眾生：深入經藏，智慧如海。

這一個偈是說，自己皈依法就應該發願：要使一切眾生也能夠精通佛法。**深入**兩個字，不只是要多看、多讀佛經，還要能夠精通經裏所說一切真實的道理。要像上面所說的，登了華藏玄門，入了毗盧性海，那才真是深入哩！經是無上的法寶，應該寶藏的，所以說是**經藏**。還有經的部數多，和修行的法門多的意思。智慧是出世間的正智，不是世智辨聰的邪智，（世智辨聰，是世間人一種邪的聰明，不是正道的智慧，所以說是邪智。）就是自己心性的般若德。般若的量，廣大無邊，所以說是摩訶般若。推測不到底的，所以說是深般若。因為又是大、又是深，所以說像**海**。（**如**字就是像的意思。）

本來，種種經典都是發明心性的道理，一切的佛法，實在都是自己心性裏原有的，所以，心性就叫做**如來藏**，又叫做**覺海**。能夠真實見到自己心性的妙用，那麼，就是三藏十二部經都讀通了。（凡是所有的佛經，都可以把三藏十二部包括盡的。

三藏，就是經藏、律藏、論藏。

十二部，是說一切的佛經總共分做十二部：

一、**修多羅**，翻譯成中文叫契經，就是一切長句、短句的經文。契字本來是合的意思，就是上合諸佛的經、下合眾生的機的意思。

二、**祇夜**，翻譯成中文叫重頌，就是前面有過的長句、短句的經文，再要說得明白些，又用偈來重說一遍。

三、**伽陀**，翻譯成中文叫孤起頌，前面沒有長句、短句經文，開頭就是偈的一種。

四、**尼陀那**，翻譯成中文叫因緣，凡是一部經，大段都分做三分，第一叫序分，第二叫正宗分，第三叫流通分。序分是講明白這一部經為什麼因緣說的，正宗分是一部經的正文，流通分是勸大家把這一部經流通，和稱讚這一部經的利益。

五、**伊的目多**，翻譯成中文叫本事，就是佛說他弟子過去世種種因緣的經文，像法華經裏，佛說藥王菩薩本事品就是。

六、**闍多伽**，翻譯成中文叫本生，就是佛說自己過去世種種因緣的經文。

七、**阿浮達摩**，翻譯成中文叫未曾有，就是記佛種種神力不可思議的經文。

八、**阿波陀那**，翻譯成中文叫譬喻，就是經裏說種種譬喻的經文。

九、**優婆提舍**，翻譯成中文叫論義，就是講道理的議論用問答的經文。

十、**優陀那**，翻譯成中文叫自說，凡是佛說經，都是因為有人問了才說，像阿彌陀經就是沒有人問，佛自己說的。

十一、**毗佛略**，翻譯成中文叫方廣，就是說方正廣大的道理的經文。

十二、**和伽羅**，翻譯成中文叫授記，就是授記成佛經文。

這十二種裏面，修多羅、祇夜、伽陀三種，是說經文的格式。還有九種，是講經文裏記的事情的分別。）

自皈依僧，當願眾生：統理大眾，一切無礙。

這一個偈是說，自己皈依了僧，就應該發願：使得一切眾生也都能夠成賢聖僧。

僧字就是**和合眾**。和是和睦，合是聚合，意思是許多人聚合在一處地方，大家沒有意見不合、互相爭論的事情。**大眾**兩個字就是指和合眾說的。**統**字是統率的意思，**理**字是指導的意思。要是大和尚、大法師，才有這統率指導大眾的權力。**一切無礙**就是說，種種事情都沒有一些妨礙。原來一切眾生都是和自己是同體的，自、他沒有二相的，（因為一切眾生的法身是共同一個的，所以說是同體，現在所看見的旁人，都是自己心性裏現出來的相，所以說是自、他不二。）所以，只要自己能夠合著道理，自然他們都會服從。

上面的三個偈是出在華嚴經的淨行品上，淨行品是講修隨自意三昧的：（淨行品裏面都是願眾生怎樣怎樣的。隨自意，是隨了自己的意思，看出來法法都是佛法，都願眾生修成的意思。隨自意三昧，是專門修一種正定功夫。）凡有一舉一動，總是發願意眾生都成佛道的心。能夠依照這種方法修，一天到晚，總是在念佛三昧裏，真是最妙的修法，實在應該把全品的經文做每天功課讀的。

從前有一位高僧說過，讀這淨行品，可以抵得受菩薩大戒。宋朝的省常大師，就是蓮宗的第七祖，（**蓮宗**，就是淨土宗，因為生到西方淨土去，都是從蓮華裏化生的，所以稱做蓮宗。蓮宗始祖，是晉朝時候在廬山設蓮社的遠公大師。後來，凡是弘揚蓮宗有大功德的人，大家都推尊他，都稱他做蓮宗第幾祖。不像禪宗的規矩，師父傳給弟子，就把第幾祖依次序排下去，這第七祖就是蓮宗始祖後第七個人——弘揚蓮宗有大功德的人。）曾經在杭州西湖邊的昭慶寺，仿照廬山蓮社的規矩，結一個淨行社，除了念佛外，專門念這淨行品做常課。

修淨土法門的人，雖然說是靠阿彌陀佛的願力，究竟也要自己的心性裏能夠現出這個淨土相來，那麼，臨終的時候，才能夠往生到淨土去。要心裏現出這個淨土相來，還是要淨心的，維摩經上說的心淨則佛土淨，所以，願求往生西方的人，實在是不可以不修淨行的。

和南聖眾。

和南兩個字是梵語，翻譯成中文就是頂禮。**聖眾**是說許多的聖人、賢人，所有道場裏的佛、菩薩、緣覺、聲聞都包括在裏頭。

這一句並不在三皈依正文裏面，念三皈依的大眾，只要念到一切無礙就完了。這一句是應該敲磬子的人唱的，是教各人一齊頂禮道場裏的一切聖賢的意思，和經裏面所說作禮而去一樣，（作禮而去，就是大家行了一個禮退下去的意思。）是結束一堂功課的。

現在各處寺院或是法會裏，在朝課、夜課裏面，念了三皈依之後，早晨還要祝韋馱菩薩，夜間還要祝伽藍菩薩，不便念了三皈依大家就散，所以，加這一句在三皈依後，學佛的人，都要曉得這種念法的道理，那就不會亂說天下的叢林都是弄錯的了。（因為有說叢林做功課有弄錯的，所以特地辨正的。）

韋馱贊

南無護法韋馱尊天菩薩！ 念三遍

從這一句起直到最後，都是祝禱韋馱菩薩的。**韋馱**是梵語，翻譯成中文是智論兩個字，就是能夠用智慧來辯論道理的意思。

有人說韋馱菩薩是賢劫千佛裏最後的一尊佛，就是樓至如來，因為現在是四天王部下的將軍，（四天王天，是二十八層天裏最低的一層天，在須彌山山腰的四周圍，所以蓋不到我們這個世界。這一層天上，東南西北各有一位天王：東天王名叫持國天王、南天王名叫增長天王、西天王名叫廣目天王、北天王名叫多聞大王，現在各處大寺院裏，天王殿上兩邊所塑的四尊大像，就是這四天王，大家叫他們四大金剛是叫錯的。）所以稱他**尊天**，（尊字，是敬重的意思，像說尊府、尊處一樣的道理。）又因為他發心擁護佛法，所以就稱菩薩。倘若真就是樓至如來，那麼就在這一劫裏要成佛，現在其實是大菩薩化現的天大將軍相。（天大將軍，就是天上的大將軍。）像普門品裏面所說的，

（普門品，是法華經各品裏面的一品。）應該這個人要用天大將軍的身相去度他的，觀世音菩薩就現天大將軍的身相和他說法。

菩薩度眾生，往往現各種的身相，這尊韋馱菩薩大約也是這樣。

善女天咒（ㄕㄢˋ ㄋㄩˇ ㄊㄧㄢ ㄓㄡˋ）！ 念三遍

這咒的咒文在前面十小咒裏面已經出現過，所以不再印出來了，咒出在什麼經上，和這咒的道理，也都講明白過。但是照金光明經上說，這咒必定吉祥，真實不虛，所以又叫做大吉祥咒。

功德天說這咒，是專門為了保護修行的人，教他所求的願都吉祥如來。現在祝韋馱菩薩，是求菩薩保護的意思，所以也念這咒，表示自己的心願。

韋馱天將，菩薩化身，擁護佛法誓宏深，寶杵鎮魔軍。功德難倫，祈禱副羣心。

這幾句是祝韋馱菩薩的讚。照感通傳裏面說，（感通傳，是一部講佛法的書名。）唐朝的道宣律師，他守這戒律清淨得不得了，所以，天人也都恭敬他，有一位天人姓費，告訴道宣律師說，自己在迦葉佛的時候，就在四天王韋將軍部下。（韋將軍，就是韋馱菩薩。）每一位天王各有八位將軍，四位天王總共有三十二位將軍，這韋將軍就是三十二位裏的一位。佛差不多到涅槃的時候，囑咐那些將軍守護一切出家人，不要讓惡魔來引誘他們，害他們破戒，破壞佛的正法。韋將軍自己本來也是童男子的清淨身體，不近女色的，所以雖然三十二位將軍一同受了佛的囑咐，僅有韋將軍對這些護法守戒的事情更加熱心出力。四天王因為敬重他的守戒護法，所以，看見他來，都起立來迎接他。現在稱他天將，就是因為他是四天王的將軍。雖然他是現在的天將，講起他本來的地位，其實是大菩薩，所以說是菩薩化身。第三、第四兩句贊，就是依照姓費的天人所說的話上來的。

擁護佛法就是保護佛的正法的意思。**誓**字是說菩薩受了佛的囑咐，在佛前立過護法的誓願，這個願心又是大，又是深，所以說是**誓宏深**。**寶杵**就是韋馱菩薩手裏拿的那種兵器，這杵是金剛的，也叫做金剛杵，金剛是一種最貴的寶，所以就是寶杵。**鎮**字是鎮伏的意思。**魔軍**是說惡魔手下的一班黨羽，因為能夠傷害修行人的法身，所以說是魔軍。**功德**兩個字就是稱讚菩薩護法降魔的功德。**難倫**兩個字，（倫字，是同等的意思。）是說旁人難以和他比擬。**祈**字是求的意思。**禱**字是禱告，也是求的意思。**副**字是合字的意思。**群心**就是大眾的心。這最後一句是說，所求的事情菩薩都能夠合著大眾的心願。

南無普眼菩薩摩訶薩，摩訶般若波羅蜜。

普眼兩個字是說，用慈悲的眼光周遍看護一切眾生的意思。因為韋馱菩薩對一切修行的人沒有不保護的，所以稱**普眼菩薩摩訶薩**。華嚴經、圓覺經上，（圓覺經，是一部佛經的名稱。）都有這普眼菩薩的名號，也許就是韋馱菩薩。摩訶般若波羅蜜前面講過了，沒有真實智慧，怎麼能夠擁護佛法、降伏魔軍呢？這兩句是稱讚韋馱菩薩的大慈悲心、大智慧力不可思議。

念到這裏，朝課已經念完，再拜三拜，功課就圓滿了。

心靈札記

朝暮課誦白話解釋 / 黃智海著. -- 2版. -- 臺北市：
笛藤, 2019.01-
冊；　公分
隨身版
ISBN 978-957-710-747-3(上冊：平裝)
1.佛教諷誦
224.3　　108000116

隨身版
朝暮課誦
白話解釋
上

2019年1月24日　2版第1刷　定價280元

作者	黃智海
監製	鍾東明
編輯	葉艾青
封面設計	王舒玗
總編輯	賴巧凌
發行所	笛藤出版圖書有限公司
發行人	林建仲
地址	台北市中山區長安東路二段171號3樓3室
電話	(02) 2777-3682
傳真	(02) 2777-3672
總經銷	聯合發行股份有限公司
地址	新北市新店區寶橋路235巷6弄6號2樓
電話	(02)2917-8022・(02)2917-8042
製版廠	造極彩色印刷製版股份有限公司
地址	新北市中和區中山路2段340巷36號
電話	(02)2240-0333・(02)2248-3904
郵撥帳戶	八方出版股份有限公司
郵撥帳號	19809050